Ein halbes Paar Socken, bitte

Gestatten Sie mir, dass ich Ihnen dieses Buch
widme, werte Leserin, werter Leser.

Sie führen es seiner wahren Bestimmung zu.

Ich wünsche Ihnen gute Unterhaltung
und einen gesunden Schlaf.

Aurelio Anderson

Ein halbes Paar Socken, bitte

Aus der Schatzkiste des Humors geplaudert

Bibliografische Information der Deutschen Nationalbibliothek:
Die Deutsche Nationalbibliothek verzeichnet diese Publikation in der Deutschen Nationalbibliografie; detaillierte bibliografische Daten sind im Internet über http://dnb.dnb.de abrufbar.

Illustration: **Nicole**, Studentin Design & Kunst
Lektorat: **Chantal**, Studentin in deutscher Sprach- und Literaturwissenschaft

Herstellung und Verlag:
BoD – Books on Demand, Norderstedt

ISBN 978-3-7357-7053-0

INHALT

Kleine Suppensymphonie

Ich war gerade intensiv damit beschäftigt, in der Hängematte zu liegen und sonst nichts weiter zu tun, als unverhofft der Hunger an meine Magenpforte klopfte. Ich öffnete nicht. Der Störenfried hämmerte unnachgiebig weiter. Aus war es mit der Ruhe und Behaglichkeit. Also beschloss ich kurzerhand, dem Quälgeist ein jähes Ende zu bereiten, und ging essen. Ich kehrte in einem mit fünf funkelnden Sternen ausgezeichneten, sehr noblen Speiselokal ein, um den gemütlich eingestimmten Abend bei einem delikaten Häppchen fortzusetzen.

✧

Ich folgte der Empfehlung des Obers und bestellte das Menu „Surprise". Der Kellner eröffnete die kulinarische Entdeckungsreise mit einem verheißungsvoll dampfenden Süppchen, welches er in eine edle Porzellanschale füllte und dieses auf den Tisch vor mich hinstellte. Ich nahm den Löffel zur Hand und schickte mich erwartungsvoll an, davon zu kosten. Eine ordinäre Stubenfliege kam mir zuvor. Sie platschte zielstrebig in die Suppe und konfrontierte mich mit der klassischsten aller Suppenüberraschungen. Ich fand ihr Benehmen ziemlich unangebracht und bestrafte sie mit Verachtung. Üblicherweise verhalten sich Fliegen in Suppen ausgesprochen hyperaktiv. Meine blieb hingegen gelassen und segnete binnen Kurzem das Zeitliche. Kein Wunder, bei dieser Hitze! Ich erkannte schnell, dass sie sich nicht zum Vergnügen in meine Suppe gestürzt hatte. Das edelmütige Tierchen vereitelte durch die heldenhafte Hingabe seines Lebens die erkennbare Absicht des Kochs, meine Speiseröhre bei lebendigem Leibe zu verbrühen. Da es mir aber auch den Appetit verdarb, hatte ich nicht allzu lange Mitleid mit ihm. Ich verlangte unverzüglich den Koch zu sprechen, denn immerhin war dies ein sehr nobles Restaurant, in dem erstens Fliegen weder in Suppen noch irgendwo sonst etwas zu suchen hatten, auch keine heldentote, und zweitens Anschläge von Köchen auf ahnungslose, zahlende Gäste in der Regel mit mindestens zehn Tage lang Teller waschen geahndet wurden.

Der Koch war ein preisgekrönter Meister in der Zubereitung exquisiter Köstlichkeiten und von außerordentlich breitschultriger Statur. Ich ließ mich nicht beeindrucken und schimpfte heftig auf ihn ein. Er hörte mir geduldig zu. Als ich verstummte, tauchte der Hüne hilfsbereit seine klobigen Finger in die inzwischen etwas abgekühlte Suppe und fischte das Ungeziefer aus der Brühe. Wohlgemerkt, aus meiner Suppe. An meinem Tisch. Meine Fliege! Immerhin konnte er ihr nichts mehr antun. Dazu war es bereits zu spät. „Bitte sehr! Weiterhin guten Appetit!", ließ der Riese vernehmen und machte kehrt in der Absicht, zurück in die Küche zu marschieren. In derartigen Situationen pflege ich in der Regel widerborstig zu reagieren. Zugegebenermaßen manchmal ein wenig überspitzt. „Sie haben einen Fleck auf Ihrem Schuh", behauptete ich unvermittelt, noch bevor er einen Schritt ansetzen konnte. „Warten Sie, ich mache ihn weg", fuhr ich fort und ehe er mich durchschaute, entleerte ich den erkalteten Inhalt meines zierlichen Porzellans über seine Fußbekleidung. Es befand sich tatsächlich ein Fleck auf seinem rechten Schuh und der war nun wirklich nicht mehr zu sehen. Er war gänzlich unter der Suppe verschwunden. Auf den weiteren Verlauf der Auseinandersetzung möchte ich an dieser Stelle nicht näher eingehen. Schließlich spielte sich der Zwischenfall in einem sehr noblen Restaurant ab.

✧

Hungrig verließ ich nach der kleinen Meinungsverschiedenheit das Lokal. Wenigstens verbrauchte ich dabei keine Kalorien, denn ich wurde hinausgetragen. Für die nächsten Tage stellte ich auf Spitalkost um. Diese soll ja sehr sättigend sein. Die erste Infusion schmeckte köstlich, aber mit der Zeit fand ich das Menu dann doch ein wenig fade. Glücklicherweise erhielt ich nach drei Tagen das erste warme Haferschleimsüppchen. Zum Abendessen bekam ich nochmals eines. Am nächsten Tag servierte man mir Erbsencremesuppe und am übernächsten eine Bouillon. Ich wurde jeweils mittags und abends mit Suppe verköstigt.

Zum Frühstück gab es Babybrei. Man gestattete mir, als Dessert eine Prise vom Duft der Wienerschnitzel meines Zimmernachbarn zu inhalieren. Dieser durfte keine Suppe zu sich nehmen, weil er unter einem Magengeschwür litt. Allmählich begann ich auf den Geruch der Schnitzel allergisch zu reagieren und wechselte heimlich das Lokal. Ich kehrte beim erstbesten Italiener ein und stopfte mich solange mit Pizza voll, bis ich ohnmächtig zusammenbrach. Am nächsten Morgen wachte ich wieder im Spital auf. Der Magen wurde mir inzwischen ausgepumpt, damit wieder Suppe hineinpasste. Diesmal schmeckten die aufgetischten Brühen noch intensiver nach Suppe als beim ersten Aufenthalt. Kurz bevor ich schwer suppenabhängig wurde, stattete mir der berühmte Fliegenkoch aus dem Fünf-Sterne-Restaurant einen Überraschungsbesuch ab. Er lachte mich an, klopfte mir auf die geschwächten Schultern, zerquetschte mich mit einer versöhnlich gemeinten Umarmung, küsste mich auf den Mund und entschuldigte sich für den unschönen Zwischenfall von damals. „Was soll das vulgäre Theater?", dachte ich mir. Meine Eltern hatten mir beigebracht, dass man während des Küssens nicht spricht. Aber weil mir warm ums Herz wurde - nicht aufgrund der erdrückenden Zärtlichkeit, wo denken Sie hin, sondern wegen der rührenden Geste - verzieh ich ihm und küsste ihn ebenfalls brüderlich, natürlich auf die Wange, wohin denn sonst. Ich muss doch bitten! Ich erzählte ihm von meinem chronischen Suppenleiden, worauf der Spitzenkoch unverzüglich den Spitalkoch aufsuchte. Die darauffolgenden Tage lebte ich wie im Schlaraffenland. Heute

Mittag verzehrte ich ein riesiges T-Bone-Steak. Zum Abendbrot genehmigte ich mir ein leckeres Lammrückenfilet. Mein Zimmernachbar, dem die Wienerschnitzel inzwischen aus Hals und Ohren heraushingen, flehte mich an, mit ihm das Essen zu tauschen. Ich weigerte mich, aber er durfte nun an den erlesenen Aromen meiner Leckerbissen schnuppern. Von mir aus so lange, bis seine Reifen platzten.

Meine Hängematte rief mich an und fragte, wann ich endlich wiederkäme. Sie hatte Sehnsucht nach mir. Ich ließ sie von der Krankenschwester zu mir bringen und gemeinsam hingen wir noch einige Tage im Spital herum, die Hängematte, die Krankenschwester und ich. Als das mein Zimmergenosse nicht mehr aushielt, entschloss er sich gesund zu werden und reiste ab. Weil immer mehr Übernachtungsgäste das Weite suchten, legte man mir nahe, ich könnte nun allmählich nach Hause gehen. Also klemmte ich meine Hängematte unter den Arm und kehrte zurück in das traute Heim. Dort war es ohnehin viel gemütlicher und ich konnte mich ungestört wieder meiner Lieblingsbeschäftigung zuwenden. Sollte der Hunger erneut Einlass fordern, während ich entspannt in der Hängematte liege, dann rufe ich unverzüglich die Ambulanz.

Lizenzvertrag

Sämtliche Inhalte dieses Buches sind urheber-rechtlich geschützt. Dem Autor obliegen alle Ansprüche und Eigentumsrechte sowie die Rechte auf geistigen Besitz einschließlich aber nicht nur jegliche enthaltene Geschichten, Texte, Dialoge, Charaktere, Grafiken, Zitate, Ideen, Geistesblitze, dumme Sprüche, Seitenzahlen, Buchstaben und ausnahmslos alle weiteren Schriftzeichen.

✧

Sie sind berechtigt, das Werk in unbeschränkter Anzahl zu erwerben, die für den Eigenbedarf bestimmten Exemplare beliebig oft zu lesen und sie jederzeit für Ihre Gäste gut sichtbar im Bücherregal aufzustellen oder auf dem Couchtisch aufzulegen, sowie die übrigen Exemplare ungebraucht und ungeöffnet zu verschenken, zum Beispiel bei Einladungen, Hochzeiten, Geburtstagen, Vorstellungsgesprächen, Elternabenden und allen weiteren denkbaren Gelegenheiten an Ihre Freunde, Bekannten, Unbekannten, Arbeitskollegen, Vorgesetzten, Kellner, Taxichauffeure, Ihrem Zahnarzt und so weiter und so fort.

✧

Sie können Ihre gesamten, mit dieser Lizenz erworbenen Rechte zusammen mit dem Buch dauerhaft auf eine andere Person übertragen, sofern der

Empfänger den Bedingungen dieses Vertrags zustimmt und Sie sich damit einverstanden erklären, das Gelesene komplett aus Ihrem Gedächtnis zu löschen.

Ihnen ist es nicht gestattet, das Buch ohne vorausgegangene schriftliche Genehmigung durch den Autor im Ganzen oder in Teilen zu kopieren, zu modifizieren, geschweige denn dem Autor während einer Vorlesung an den Kopf zu werfen. Verwenden Sie das Werk auf keinen Fall zum Anfeuern des Grills.

Dieses Buch ist nicht geeignet für Jugendliche unter 18 Jahren, es sei denn, sie können bereits lesen und sind in der Lage, Gegenstände ohne Eingabetaste zu öffnen.

VON FREUNDSCHAFTEN, DEN VERLUST DES ARBEITSPLATZES, FEHLFUNKTIONEN BIS HIN ZU KOMPLETTEM VERSAGEN DES VERSTANDES SOWIE MONETÄRE, ELITÄRE, POPULÄRE ODER QUANTENPHYSISCHE DEFIZITE ERSTEN BIS UND MIT DRITTEN GRADES. ZU RISIKEN UND NEBENWIRKUNGEN FRAGEN SIE IHREN KAKTUS.

✰

DAS BUCH WIRD „ALS SOLCHES“ OHNE JEGLICHE FORM DER GARANTIE, WEDER AUSDRÜCKLICH NOCH IMPLIZIT, ZUR VERFÜGUNG GESTELLT. ALLFÄLLIGE DRUCK- UND GRAMMATIKFEHLER SIND PURE ABSICHT UND BERECHTIGEN SIE NICHT ZUR RÜCKGABE DES WERKES. ES LIEGT IM ERMESSEN DES HERAUSGEBERS, MANGELHAFT VERARBEITETE PRODUKTE ZU ERSETZEN, SOFERN SIE DEN MANGEL INNERT ZWEI (2) STUNDEN VOM ZEITPUNKT DES KAUFES AN SCHRIFTLICH PER EINSCHREIBEN IHREM HÄNDLER MELDEN, UND SIE MÜSSEN LÜCKENLOS NACHWEISEN, DASS DER BEANSTANDETE FEHLER NICHT DURCH IHRE UNSACHGEMÄSSE ANWENDUNG ZUSTANDE KAM.

✰

Klagen wegen Ehrverletzung sind prinzipiell ausbedungen. Wer sich betroffen fühlt, ist selber schuld. Dem Autor und allen Personen, welche namentlich in die Geschichten involviert sind, wird von deren Konsum dringend abgeraten.

Der Autor verfügt über das Recht, den Vertrag jederzeit nach eigenem Ermessen für ungültig zu erklären. In diesem Fall sind Sie verpflichtet, das Buch unverzüglich zu vernichten. Es steht Ihnen aber jederzeit zu, ein neues Exemplar zu erwerben.

Sie bestätigen hiermit, dass der Autor irreparable Schäden erleidet, wenn die Einhaltung der Bedingungen dieser Lizenz nicht mit aller Bestimmtheit eingefordert wird. Sie erklären sich deshalb damit einverstanden, dass der Verfasser bei bloßem Verdacht auf Verstoß gegen die Vereinbarung nach eigenem Gutdünken befugt ist, neben den ihm rechtlich zustehenden Maßnahmen weitere angemessene Schritte einzuleiten und Sie nach Lust und Laune bis auf die Unterwäsche oder vollständig auszuziehen.

Hurra, die Ferien sind da

Nun liegt sie genau vor mir, die allerschönste Zeit des Jahres, in der ich tun und lassen kann, was ich will. Ja, die Ferien sind da, hurra! Endlich, endlich habe ich Ferien. Für eine Weile sage ich den strapaziösen, mit Terminen vollgespickten und Überstunden umrahmten, endlos langen Arbeitstagen Ade und wende mich hier und jetzt den wesentlichen Angelegenheiten des Lebens zu. Zum Beispiel habe ich nun viel Zeit für meine Lieblinge. Als stärkstes Glied in der Familie übernehme ich natürlich die harten Jobs im Haushalt und selbstverständlich auch die Obhut über den Nachwuchs. Schließlich braucht meine Lebensgefährtin ebenfalls ein wenig Erholung und etwas Zeit für sich. Sie hat es verdient. Und los geht's: zum Auftakt mit den Kinderchen spielen, anschließend das Essen kochen, nach dem Tafeln abwaschen, danach aufräumen, dann weiterspielen, noch schnell den Teppich schamponieren, den Mixer und die Kaffeemaschine reparieren, noch ein Stündchen spielen, einkaufen, schließlich flugs den Rasen mähen, dann Unkraut jäten. All dies, und noch etwas mehr, steht ab sofort auf meinem Ferienplan. An Kurzweil wird es mir in nächster Zeit bestimmt nicht fehlen.

✧

Nachts bleibt noch etwas Zeit zum Packen. Wir wollen nämlich verreisen. Die Campingausrüstung muss zusammengesucht und das Zelt zum Imprägnieren aufgestellt werden. Um drei Uhr früh steht es bereit. Selbstverständlich setzt nun der Regen ein. Schnell räume ich das Zelt wieder ab. Morgen ist auch noch eine Nacht, da muss eben die Übung wiederholt werden. Schließlich sollte noch das Loch in der Luftmatratze aufgespürt und dicht gemacht werden. Bis zum Morgengrauen ist auch das geschafft. Was sich danach tagsüber abgespielt hat, weiß ich nicht mehr. Mein Bewusstsein hat geschlafen.

Vor der lang ersehnten Abfahrt ist noch eine knifflige Aufgabe zu lösen. Gewiss habe ich eigens für die bevorstehende Reise einen Caravan mit extra viel Stauraum gemietet. Aber man unterschätzt doch immer wieder, was man zum Leben unbedingt braucht. Es umfasst schlicht alles, was man besitzt. „Wohin bloß mit dem ganzen Gepäck?", frage ich mich. Möglicherweise gibt es eine Lösung für dieses Problem, aber ich habe sie bis jetzt nicht gefunden. Also hilft nur ausprobieren. Das bedeutet: einräumen, ausräumen, einräumen, ausräumen, et cetera, et cetera. Nach einigen Dutzend Versuchen bin ich so weit fortgeschritten, dass bis auf die Schlafsäcke, das Schlauchboot, den Toaster, die Stehlampe und die Zahnbürsten alles untergebracht ist. Doch wo finde ich noch ein Plätzchen für diese absolut unentbehrlichen Gegenstände, ohne die wir niemals in den Urlaub fahren würden? Hoffnungslosigkeit macht sich breit. Der Kofferraum quillt bereits über. Das Dach wölbt sich unter der aufgetürmten Last bedrohlich weit nach unten. Das Reserverad habe ich schon abmontiert und den entstandenen Freiraum mit Kleidungsstücken ausgestopft. Vorder- und Rücksitze sind mit diversen gefüllten Taschen ausgelegt, dort kann ich keine zusätzlichen Lagen aufschichten, sonst müssten wir unsere Köpfe während der Reise seitlich zum Fenster hinaus legen und es ist wirklich undenkbar, bei Regen so zu fahren. Ich schaue unter der Motorhaube nach, ob sich dort eventuell etwas Überflüssiges befindet. Der Motor lässt sich aber unmöglich durch den Toaster ersetzen, denn dieser hat, soviel ich weiß, keine Zündkerzen eingebaut. Stattdessen stopfe ich kurzerhand die Schlafsäcke und das Schlauchboot inklusive beider Paddel zwischen Getriebe und Zylinderkopfdichtung. Wie Sie meinen Ausführungen entnehmen können, verstehe ich etwas von Autos. Den Toaster quetsche ich zwischen Kupplung und Bremspedal, die Stehlampe in den Aschenbecher. Einzig für die Zahnbürsten finde ich beim besten Willen kein freies Plätzchen mehr. Schade, dabei hatte ich mich so sehr auf das Campieren gefreut. Aber zwei zahnbürstenlose Wochen kann ich nicht verantworten. Was geschieht, wenn wir sie unverhofft ganz dringend brauchen, die Zahnbürsten? Und was noch schlimmer ist: Wie bringe ich meinen Lieblingen schonend bei, dass unser Ausflug ins Wasser fällt? Glücklicherweise übermittelt mir meine Intuition die rettende Idee. „Wenn du am Ziel bist, kaufst du euch eben neue Zahnbürsten", flüstert sie mir zu. Welch genialer Einfall meiner Intuition! Was wäre ich ohne sie! Nun freue ich mich wieder riesig auf die Abreise. Bereits zeichnet sich der erste Höhepunkt während der Hinfahrt ab. Im Radio haben sie den ultimativen Ferienstau auf der Autobahn gemeldet. Den darf ich auf keinen Fall verpassen.

Gerade erst sind wir losgefahren und schon sind wir wieder aus den Ferien zurück. Ein wenig müde von der Heimreise, aber ansonsten glücklich und gesund kommen wir zu Hause an. Schade, dass die Zeit immer dann am schnellsten vergeht, wenn es am schönsten ist. Freudig springt uns Sokrates entgegen, um uns zu begrüßen. Mein Hund hatte keine Lust mitzufahren. Er bevorzugte es, während unserer Abwesenheit das Haus zu bewachen, den Rasen zu sprengen und die Fische zu füttern. Ich packe die Kamera aus, um den Akku nachzuladen. Ich hatte das verflixte Ladegerät daheim vergessen und der Akku war schon vor der Abreise leer. Wenigstens will ich von unserer Rückkehr schnell ein paar Fotos machen, denn es geht nichts über schöne Erinnerungen aus dem Urlaub, die man den Freunden in Form von gelungenen Fotos vorzeigen kann. Ich knipse ein Bild von Nachbars Kanarienvogel und eines von den exotisch anmutenden Trockenblumen im Garten, zusammen mit Sokrates. Das steht ihm zu, denn schließlich hat er in Rekordzeit den ganzen Garten in eine originelle Steppenlandschaft verzaubert, damit wir uns nach der Rückkehr darüber freuen. Wenn er mir vor der Abreise verraten hätte, was er im Schilde führt, hätte ich eine Herde Bisons aus den Ferien mitgebracht. Sie würden perfekt in die Szene passen. Der Schnappschuss vom neuen Badeschwamm darf natürlich nicht fehlen. Zu guter Letzt lichte ich unsere mitgebrachten Souvenirs ab, die funkelnagelneuen Zahnbürsten, die wir in der Ferne gekauft haben. Die kostbaren Erinnerungsstücke wollte ich unter keinen Umständen zurücklassen. Ich habe mir den Kopf darüber zermartert, ob ich sie für die Rückreise doch noch irgendwo im vollgestopften Wagen verstauen könnte. Meine Intuition musste mir dieses Mal nicht nachhelfen. Ich fand die Lösung selber. Wir haben uns die Zahnbürsten hinter die Ohren geklemmt.

Ein Paradies für Schnecken

Beduinen brauchen keine Regenschirme. In ihrer Heimat scheint ununterbrochen brütend heiß die Sonne und sollte dies einmal nicht der Fall sein, dann bestimmt nur nachts. Ach, wie beneide ich die Söhne der Wüste um ihre Oasen mit den zauberhaften, unversehrten Gärten. Unversehrt sind sie, weil es darin keine Schnecken gibt. Das trockene Klima bekommt denen nämlich nicht. Mir leider auch nicht. Ich bevorzuge das für meine Heimat typisch milde und gemäßigte Klima, in welchem immer wieder Regenschauer selbst den heißesten Sommern ihre unerträgliche Hitze nehmen. Unfreiwilligerweise teile ich diese Vorliebe mit den Schnecken. Wen wundert's, dass sich die feuchtfröhlichen Geschöpfe in meinem Garten sichtlich wohl fühlen.

Mit ehrlichen Absichten auf eine friedliche Koexistenz trug ich anfangs mein Bestes zum Wohlergehen der ungebetenen Gäste bei. Zweimal pro Woche pflanzte ich neuen Salat und schmackhafte Gemüsesetzlinge. Die kleinen Vielfraße dankten es mir mit ihrem unersättlichen Appetit. Entgegen meiner Hoffnung blieb für mich jeweils absolut nichts übrig. Ich steckte meine Gutmütigkeit an den Hut und startete eine groß angelegte Razzia.

Täglich sammelte ich die Plagegeister mehrere Stunden lang ein und ließ sie dann fernab von meinem Garten an einem Waldrand wieder frei. „Wohl bekomm's den Igeln!", dachte ich mir. Innerhalb einer Woche befreite ich so meine Pflänzchen von einer ganzen Armee fieser Gartenschänder. Einige Frevler waren jedoch zu glitschig und schlüpften durch das Fahndungsnetz hindurch. Sogleich vermehrten sie sich und mehrten sich und wurden explosionsartig immer noch mehr. Zudem hatte sich in schleimigen Kreisen herumgesprochen, dass ich ein Verächter von Schneckenbauchwehkörnern bin. Von nah und fern statteten sie mir heerscharenweise ihren Besuch ab und ruinierten alle meine Blumen und Grünpflanzen vollends. Dagegen halfen auch nicht die Warnschilder, die ich überall aussteckte. „Bekriechen verboten" stand darauf geschrieben, „Schleimen auf eigene Gefahr" und „Achtung, bissige Enten". In rasendem Schneckentempo flitzten die Eindringlinge einfach daran vorbei und beschlagnahmten unbeirrt mein Land. Manche krochen gar die Schilder empor und kosteten ein wenig davon, vermutlich die eher Kurzsichtigen unter ihnen.

✬

Woher die Biester kamen, war mir ein Rätsel. Aus Nachbars Gärten jedenfalls nicht. Dort gab es keine Schnecken, nicht eine einzige, obwohl es auf der anderen Seite des Zauns genauso oft regnete. Vielleicht sind meine Anwohner mit den Beduinen verwandt. Ich muss sie bei Gelegenheit fragen. Überdies existierten keinerlei Hindernisse, welche die Schnecken daran gehindert hätten, in das fruchtbare Neuland meiner Nachbarn überzusiedeln. Sie taten es nicht. Im angrenzenden Blumenbeet zur linken Seite wuchsen wundervolle Blumen. Auf meiner Seite zeugten ein paar kahl abgenagte Stängel von einstigem Pflanzenwuchs. Frau Nachbarin rechts trug täglich einen Korb voll prächtiges Gemüse aus ihrem Beet in die Küche. Meinerseits blieb selbst die Suche nach übrig gebliebenen Salatwurzeln erntelos. Nun denn! Kahlgefressene Blumenstiele versprühen ihren eigenen, ganz individuellen Charme. Ansonsten habe ich hierzu keinen weiteren Kommentar und ich hege auch keine Neidgefühle, Komma und Punkt.

✩

„Warum nicht aus der Not eine Tugend machen?", überlegte ich messerscharf und wendete mich der Schneckenzucht zu. Weinbergschnecken sind eine begehrte Delikatesse. Ich setzte gleich zweihundert Stück aus. Nach einer Woche war in meinem Garten überhaupt kein Grün mehr vorhanden. Es waren aber auch keine Schnecken mehr da, auch nicht meine Weinbergschnecken. Sie waren spurlos verschwunden. Ich säte neuen Rasen und pflanzte frische Blumen. Mit dem Grün kehrten auch die Gartenschänder zurück. Nur meine Weinberglieblinge blieben für immer verschollen. Ich rief den lokalen Notstand aus und suchte Hilfe bei den natürlichen Feinden der schier unbezwingbaren Widersacher. Hierzu legte ich einen Teich an, setzte ein paar Dutzend Frösche hinein und als Zugabe ebenso viele Mäuse ins Gebüsch. Tatsächlich verbesserte sich nach einiger Zeit die Lage. Ich nahm überhaupt keine Notiz mehr von den Dingsbums. Möglicherweise zogen sie von dannen, weil sie sich vernachlässigt fühlten. Ich hatte keine Zeit mehr, mich um sie zu kümmern. Fortan war ich mit dem Mückenschwarm aus dem Teich und den zahllosen kleinen Nagern vollbeschäftigt. Die fürchterlichen Alpträume von monströsen Weichtierinvasionen blieben ebenfalls aus. Dank der allnächtlichen Froschkonzerte musste ich während der restlichen Gartensaison nie mehr schlafen.

Ente gut, alles gut

Alleine Petrus weiß, wie viele Wochen und Monate ich an den Ufern unserer ach so schönen Seen und Flüsse verbrachte, um dort beim Angeln mein Glück zu versuchen. Schon als kleiner Junge stand ich manchmal stundenlang regungslos auf der Lauer und wartete, übte mich Tag für Tag fleißig in Geduld. Ich wartete also und wartete, wuchs derweil heran zum stämmigen Jüngling und hoffte noch eine halbe Ewigkeit weiter auf Godot und die Fischlein. Sie versetzten mich allesamt. Inzwischen zieren die ersten grauen Haare meine von Wind und Regen gezeichnete Frisur. Die traurige Bilanz meines bisherigen Bemühens ist niederschmetternd. Ich habe noch keinen einzigen Fisch an Land gezogen, nicht einmal einen winzig kleinen.

✧

Ehrlich gesagt begreife ich auch nicht, wieso ich trotzdem immer wieder draußen im Regen stehe und alle möglichen Anglertricks erprobe. Hätte ich nicht am Montag, dem ersten Juli vor dreiundzwanzig Jahren einen echten, lebendigen Fisch mit meinen eigenen Augen gesehen, so müsste ich mittlerweile annehmen, dass in unseren Gewässern keine Geschöpfe mit Schwanz und Flossen existieren. Nur ungern gebe ich zu, dass ich damals auf einen losen Stein trat, ausrutschte und ins Wasser fiel. Was tut man nicht alles, um seinen Leserinnen und Lesern eine Freude zu bereiten. Da war der Fisch auch schon bei mir. Es war ein riesiger Brocken, der wohl gute fünf Pfund auf die Waage brachte. Er biss an jenem Tag besonders gut an. Er biss mich ins Ohr, knabberte an meinen Fingern und den Gummistiefeln und streckte mir die Zunge heraus. Ich rettete mich so schnell es ging an Land, damit ich dort ungestört erfrieren konnte. Als mir das zu kalt wurde, überlegte ich es mir anders und ging heim. Ich stieg in den Tumbler und windete mich aus. Die Nacht verbrachte ich an der Wäscheleine hängend zum Trocknen. Am darauffolgenden Morgen bügelte ich mir die Falten aus dem Gesicht und fühlte mich danach für die nächsten dreihundertfünfundsechzig Tage wieder jung und fit.

Wenn es regnet, beißen die Fische am besten. So lautet eine uralte Anglerregel. Ich passte mich den Essgewohnheiten der Fische an und kaufte mir im Fachgeschäft das beste und teuerste Regengewand, das ich finden konnte. Solange ich damit nicht tauchen ginge, sei es absolut wasserdicht, versicherte mir der Experte bei der Ehre seiner Katze. Tatsächlich drang kein Tropfen durch das Wundertuch. Leider drang auch keine Luft hindurch, und so stand ich bald im Schweiße meines Angesichts da. Ich begnügte mich daraufhin mit einer einfachen Regenjacke und einem Paar Gummistiefel. Bei der Generalprobe goss es in Strömen. Wind setzte ein. Die Regentropfen klatschten gegen meine Beine und sammelten sich zu kleinen Bächlein, die fröhlich plätschernd hinab bis in die Gummistiefel rannen. Als Nächstes versuchte ich es mit einem Regenschirm in der einen und der Angel in der anderen Hand. Es dauerte Stunden, bis ich mich aus dem Gewirr der Angelschnur befreit hatte.

Allen Misserfolgen zum Trotz habe ich die Achtung vor mir selbst niemals verloren, insbesondere weil ich in meinem Fall menschliches Versagen ausschließen kann. Die Ursache des Übels liegt vielmehr darin, dass mein Haken dauernd durch andere Beute besetzt ist. Flaschen, Dosen und Tüten in allen Farben und Formen rangieren zuoberst auf der Liste. Ich finde das bemerkenswert. Eine Flasche am Haken zu befestigen, ist kein einfaches Unterfangen. Nebst dem ganzen Partymüll erhasche ich besonders häufig Seegräser und Algenbüschel. Hie und da auch eine Ente. Der brave Angler schenkt dem gefiederten Freund natürlich sofort die Freiheit wieder, denn er tat den Fang ja nicht mit Absicht. Es passiert einfach, weil es auf unseren Seen von Enten nur so wimmelt. Kein Wunder,

dass die Fische keine Luft bekommen und eingehen. Meine persönlichen Erfahrungen belegen eindeutig, dass es in unseren Gewässern zahllose
Enten aber nur einen einzigen Fisch gibt. Stocken-
ten schmecken übrigens besonders gut mit einem
kräftigen Schuss Rotwein. Knusprig goldbraun
wollen sie gebraten werden und neunzig Minuten
bei mittlerer Oberhitze im Ofen schmoren. Ich
kann mir vorstellen, was Sie jetzt denken. Aber
bevor Sie mich ins Pfefferland wünschen, beantworten Sie mir bitte eine Frage. Was sagt Ihnen
persönlich mehr zu: der letzte einheimische Fisch,
der Sie, während Sie ihn essen, mit schlüpfrigen
Augen vorwurfsvoll anstarrt, oder die mit Kasta-
nien gefüllte und auserlesenen Kräutern gewürzte,
knusprig goldbraun gebratene Ente? Hab ich's mir
doch gedacht. Und die Moral von der Geschichte:
Ente gut, alles gut.

Mein Wurm Kasimir

Was tun zwei erwachsene Männer, die während ihrer Ferien im Tirol Bekanntschaft schließen? Richtig! Sie duellieren sich. So kam es, dass Frederik am Ufer des idyllischen Bergsees stand und alle Hände voll zu tun hatte. Kaum hatte er seine Angel ausgeworfen, zog er sie schon wieder ein und am Haken zappelte jedes Mal ein schwergewichtiger Barsch oder eine prächtige Forelle. Zwei Meter neben ihm saß ich da und starrte gelangweilt auf das Wasser. Mein Schwimmer verharrte dort unbewegt an Ort und Stelle. Er wollte sich absolut nicht rühren. Leise rostete der Angelhaken vor sich hin. Frederik streute hie und da ein paar aufmunternde Bemerkungen ein. Die enthaltene Prise Spottlust war mir dabei nicht entgangen. Ich konterte demonstrativ gelassen mit gesalbten Worten der Anerkennung und ärgerte mich insgeheim zähneknirschend zu Tode. Mag sein, dass mich meine Sinne aufgrund der angeschlagenen Siegesgewissheit täuschten. Doch ich hätte schwören können, dass ein mindestens neunzig Zentimeter langer Hecht von selbst aus dem Wasser vor die Füße des Glückspilzes sprang. Vielleicht hatte Poseidon sein Unwesen getrieben und jedem bei mir vorüberziehenden Fischlein befohlen: „Du da, beiße in jenen Haken dort drüben!" Und jeder Fisch, der deshalb hier fortging und dort ankam, sah und biss zu.

☆

Selbstverständlich gibt es eine ebenso natürliche wie auch naheliegende Erklärung für meinen bisherigen Misserfolg. Mit Honig fängt man bekanntlich Fliegen und mit Speck die Mäuse. Auch Fische haben ihre Vorlieben. Die einen bevorzugen die vegane Küche, andere verspeisen lieber ihre Artgenossen. Die Geschicklichkeit des Anglers beginnt also bei der Auswahl des richtigen Köders. Er entscheidet sich, welche Arten der Seebewohner er jagen möchte und bietet ihnen ihr Leibgericht an. Die Fische werden großzügig darüber hinwegsehen, dass die unwiderstehliche Verlockung für sie einen folgenschweren Haken hat. Aus eigener Erfahrung weiß ich, dass Honig nicht als Fischfutter taugt. Darin hängen gebliebene Fliegen schon eher. Klee eignet sich hervorragend für den Fang von Seepferdchen. Hugo, ein ehemaliger Bekannter von mir, versuchte sich in der Jagd auf Muscheln und verwendete als Köder die Perlenkette seiner Frau. Das Vorhaben schlug im geplanten Sinne fehl. Statt Muscheln lockte die im Wasser baumelnde Kette eine schmuckbegeisterte Wassernixe an. Hugo brannte mit ihr durch und wurde nie wieder gesehen.

☆

Regenwürmer als Köder einzusetzen war offenkundig das Erfolgsrezept von Frederik. Aus humanitären Gründen lehnte ich seine Fangtechnik eigentlich ab. Ich bevorzugte stattdessen ein Stück Brot. Angesichts der aussichtslosen Lage verwarf ich vorübergehend die kriechtierfreundliche Haltung. Ich stahl mich unbemerkt davon und machte mich auf die Suche nach ein paar Würmern. Aber weit und breit war keiner zu sehen. Normalerweise kamen sie bei Regen aus ihren Löchern und krochen haufenweise spazieren. Das Unternehmen erwies sich als schwieriger denn angenommen. Offenbar hatten die scheuen Bodenbewohner beim Anblick der Angelruten das Weite gesucht. Da! Einer war so unvorsichtig, die lauernde Gefahr zu ignorieren. Leise schlich ich mich an die Beute heran. Ich war ihr fast zum Greifen nahe, da trat ich auf einen Kieselstein. Verräterisch durchbrach ein kurzes Knirschen die Stille. Der Wurm drehte sich erschrocken um und erblickte mich. Er erkannte sofort meine düstere Absicht. Der zu allem entschlossene Gesichtsausdruck ließ bei ihm keine Zweifel offen. Zuerst wurde er kreidebleich, dann kroch er um sein Leben. An der Richtung, die er einschlug, erkannte ich seine Taktik. Er glitt schnurstracks mit erstaunlichem Tempo auf ein dichtes Grasbüschel zu. Ich stellte einen Fuß in seine Bahn und schnitt ihm so den Weg ab. Das flinke Tier schlug einen Haken und räkelte sich

34

eilig einem naheliegenden Stein entgegen. Da war ich über ihm, bückte mich, streckte die Hand nach ihm aus. Noch ehe ich das Opfer am Schwanz fassen konnte, war es schwups unter dem Stein verschwunden. Das sollte ihm aber nichts einbringen. Mühsam schob ich den schweren Stein beiseite. Der Wurm war in der Zwischenzeit auch nicht untätig. Er vergrub sich derweil im Boden. Ich wollte, ja musste ihn einfangen. Meine Anglerehre stand wieder einmal auf dem Spiel. Aus meiner professionellen Fischertasche - sie kostete mich ein kleines Vermögen - zückte ich meine noch professionellere Wurmbüchse. Damit begann ich nach dem Ausreißer zu graben. Nach einer anstrengenden Viertelstunde musste er sich schließlich geschlagen geben. Kopflos, wie Würmer nun einmal sind, ergriff er die Flucht in die falsche Richtung und landete direkt in der Dose. Somit gehörte er mir. Ich taufte ihn auf den Namen Kasimir.

✩

Wurm oder nicht Wurm, das war für mich keine Frage. Ich brachte es einfach nicht fertig, das arme Tier mit dem Angelhaken zu durchbohren. Also fasste ich ihn vorsichtig an beiden Enden, schlang ihn um den Haken und knotete ihn behutsam daran fest. Mit einem lockeren Schwung warf ich die Angelschnur aus. Wo Kasimir abtauchte, blieb mir verborgen. Mittlerweile war die Dämmerung eingebrochen und schon so weit fortgeschritten, dass ich im Halbdunkel den Schwimmer nicht mehr auf der Wasseroberfläche ausfindig machen konnte. Nach einer Minute des Ärgerns zog ich die Schnur ein, band den prustenden, aber sonst unbeschadeten Kasimir los und ließ ihn von dannen ziehen. Ich packte meine Utensilien zusammen und fuhr zurück zum Hotel.

Frederik hatte von alledem nichts mitbekommen. Er nahm schon lange keine Notiz mehr von mir. Auch die Dunkelheit konnte ihm nichts anhaben. Allem Anschein nach war er gänzlich dem Jagdfieber verfallen. Er warf die Schnur aus, riss an, schrie freudig: „Hab ihn!", zog die Schnur ein, nahm den Fisch vom Haken, rief: „Was für ein Prachtkerl!", warf die Schnur wieder aus, riss an, und so weiter und so fort. Am nächsten Morgen türmte sich eine gigantische Fischpyramide am Ufer auf. Von Frederik war nichts mehr zu sehen. Ein schauerliches Bild bot sich, als die Bulldozer den Fischhaufen wegräumten und meinen Kameraden, in eleganter Auswurfpose zu Tode erstarrt, ans Tageslicht beförderten. Sein vom Wahnsinn gezeichneter Gesichtsausdruck entbehrte jeglicher Beschreibung. Vom Schrecken gezeichnet brach ich meine Ferien ab und flüchtete für den Rest meiner Tage in die Wüste. Dort gibt es keine Fische, so-

lange kein Wasser fließt. Nur alle paar Jahre, bevor
der große Regen kommt, grabe ich mich tief in den
Sand ein und warte, bis der Spuk vorbei ist.

☆

Eine Frage bleibt offen: Wer hat eigentlich das Du-
ell gewonnen? Ich würde sagen, Kasimir war jedenfalls der glückliche Dritte, kam er doch mit
einem blauen Auge davon. Manchmal vermisse ich
ihn.

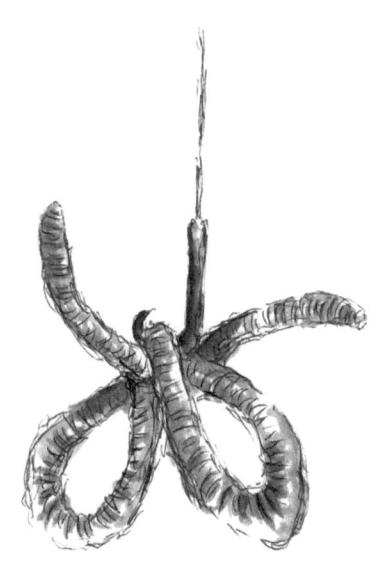

Ringsum fidibum

Herbstmessen und Vergnügungsparks strapazieren die Gesundheit von Familienvätern bis zum Äußersten. Meine ältere Tochter ist mit vier Jahren noch viel zu jung, um alleine auf die Achterbahn zu gehen. Also muss Papa mit. Danach geht's weiter zum Mega-Kreisel und dann ab auf den Rundum-Skilift. Dabei dreht es sich immer um dasselbe: Es dreht sich. Mitsamt Töchterchen und Papa, und zwar horrend schnell. Mal liegen wir quer, im nächsten Augenblick stehen wir auf dem Kopf, dann werden wir kräftig durchgeschüttelt. Wir fahren, rutschen und fliegen im Kreis, einmal links herum, das nächste Mal geht's ab nach rechts, dann hinauf und hinab und zu guter Letzt kugelförmig in alle Richtungen bis zum bitteren Ende. Die Umgebung dreht sich, ebenso mein Magen. Dreht sich dieser gerade nicht, rollen dafür die Augen. Am Ende des Ausflugs zittern meine Knie. Die Beine sind schwer wie Blei und weich wie Gummi. Zum Glück ist der Geldbeutel federleicht geworden. So vermag ich noch knapp, von meiner Tochter gestützt, nach Hause zu laufen. Viel länger als eine Seite hätte ich das Gewirbel nicht durchgestanden. Wenn man bedenkt, dass wir uns andauernd mit horrendem Tempo um die eigene Erdachse drehen und noch hundertmal schneller um die Sonne, bin ich erstaunt darüber, wie wenig ich ertrage. Vielleicht ist die Fahrt auf der Achterbahn in diesem Sinne der berühmte Tropfen, der das Fass zum Überlaufen bringt.

Wehe, wenn sie losgelassen

Auf leisen Sohlen pirsche ich durch den Zoo und bin fasziniert ob der vielen Tiere, die ich unterwegs entdecke. Der unwiderstehliche Hauch von Wildnis und Abenteuer weht mir ins Gesicht und ich komme mir fast so vor wie auf einer Safari. Gespannt beobachte ich, wie die Zebras in schwarzweiß gestreiftem Gewand da liegen und gemächlich vor sich hin schlafen. Ich bestaune die Lamas, wie sie dort auf vier Füßen stehen und wieder und wieder wiederkäuen. Fast stockt mir der Atem, als die Kamele mir das hintere Ende ihres Rückens zudrehen, bevor sie den endgültigen Abgang hinlegen und in der erstbesten dunklen Ecke ihres Unterstandes verschwinden, wo sie dann verharren bis in alle Ewigkeit. Offensichtlich ist die Begeisterung am Zusammentreffen ziemlich einseitig auf die anwesenden Parteien verteilt. Dass sich die Zoobewohner benehmen, als würde ich überhaupt nicht existieren, liegt vielleicht daran, dass sie mich gar nicht zu sich nach Hause eingeladen haben. Zugegeben, ich hätte wenigstens vorher anrufen können.

✧

Beim nächsten Freilaufgehege nimmt das Geschehen eine abrupte Wende. Wie ich am Zaun vorbei schleiche, überkommt mich das eigenartige Gefühl verfolgt zu werden. Ich sehe mich um und ertappe das hier ansässige Wildschwein dabei, wie es mir auf der anderen Seite des Zauns nachläuft und immer wieder fröhlich grunzend seine feuchte Nase durch das Gitter steckt. Tatsächlich scheint es sich ernsthaft für mich zu interessieren. Aufgewühlt ob so viel Aufmerksamkeit, die mir unverhofft zuteilwird, mache ich am Ende des Geheges kehrt und gehe, als ob nichts geschehen wäre, die Strecke gemächlich zurück. Siehe da, Schweinchen folgt mir Schritt auf Tritt. Die Situation erscheint mir allmählich ein wenig kurios. Ich sehe mich unauffällig um. Niemand beobachtet mich. Ich beginne zu rennen. Mein neuer Begleiter sprintet munter neben mir her. Ich hüpfe seitwärts, knie nieder, laufe rückwärts und lege mich hin. Schweinchen hüpft seitwärts, kniet nieder, läuft rückwärts und legt sich hin. Meinem Spiegelbild gleich ahmt es alle erdenklichen Verrenkungen nach. Einzig der Handstand bereitet ihm etwas Mühe. „Platz!", befehle ich mit strenger Stimme und Schweinchen setzt sich artig hin. Als es auch noch Pfötchen geben will, komme ich endgültig ins Grübeln. Ist mein neuer Freund vielleicht ein ehemaliges Zirkusschwein, das sich hier zur Ruhe gesetzt hat? Oder will das Tier von mir adoptiert werden? Da inzwischen andere Besucher ihre Aufmerksamkeit und Zeigefinger auf mich gerichtet haben, verabschiede ich mich schnell mit einem herzhaften „Grunz" und mache mich möglichst unauffällig auf und davon.

Im Raubtierhaus finde ich Unterschlupf. Eine Schar von Besuchern versammelt sich gerade um den Tigerkäfig. Sowie ich mich im Hintergrund zu den Schaulustigen geselle, hebt der Tiger den Kopf. In seinen Augen funkelt die ungebändigte Angriffslust des geborenen Jägers und mit furchterregendem Blick fixiert er genau mich. Womöglich rieche ich nach Wildschwein. Da der Streifenteppich nicht aufhört mich anzustarren, ergreife ich Gegenmaßnahmen und fixiere zurück. Einander tief in die Augen blickend stehen wir reglos da. Die Zeit verstreicht unendlich langsam. Die Spannung steigt bis ins Unerträgliche. Schweißtropfen bilden sich auf der Stirn der reißenden Bestie. Die

Anwesenden beobachten gebannt die brenzlige Situation und weichen ehrfürchtig zur Seite, sodass sich eine Gasse zwischen uns bildet. Nur noch ein durchsichtiges Panzerglas, hinter dem sich der aufgeschreckte König des Dschungels verschanzt, trennt uns voneinander. Die trügerische Sicherheit flößt dem Tiger Mut ein. Er brüllt laut los, woraufhin ich vehement protestierend zurückbrülle. Die versammelte Menschenmenge löst sich panikartig auf. Tiger und ich bleiben allein zurück. Er beobachtet mich unentwegt und aufmerksam. Warum ausgerechnet mich? Was um Himmels willen will er von mir? Betrachtet er mich als eine willkommene Mahlzeit? Da fällt mir die Antwort ein. Tigerchen erkennt mich ganz einfach wieder und freut sich enorm über mein unverhofftes Auftauchen. Das wird es sein. „Servus, alter Kumpel!", rufe ich in freundschaftlichem Ton und klopfe einen Trommelwirbel an das Panzerglas, bevor ich weiterziehe. Hinter mir höre ich, wie Tiger vor Freude einen Tobsuchtanfall erleidet.

Kaum bin ich wieder draußen, kommt auch schon der Elefant des Weges. Weiß der Kuckuck, was der Dickhäuter auf meinem Spazierweg verloren hat. Vielleicht muss er aufs Klo. An den großen Schritten des Wärters, der neben ihm her gezerrt wird, erkenne ich das Tempo, mit dem sich der Koloss genau auf mich zu wälzt. Wohlerzogen weiche ich zur Seite und stehe mit dem Rücken zum Bisongehege. Jetzt ist der Fleischberg bei mir angelangt. Einen Moment scheint es, als wolle mich der graue Riese mit seinem Rüssel packen, um mich in seinen Mund zu stecken. Zu meinem Glück stehe ich einer Elefantendame gegenüber und sie scheint mich zu mögen. Einer schmeichelnden Katze gleich, die schnurrend um die Beine ihres geliebten Ernährers streift, drückt mich die Lady im Vorübergehen mit ihrem kräftigen Bäuchlein zärtlich gegen das Gitter. Ich japse nach Luft. Zum Abschied patscht sie liebevoll mit dem Schwanz mitten in mein Gesicht. Etwas benommen lese ich die abgerissenen Hemdenknöpfe zusammen und begebe mich auf die Suche nach einem sicheren Ort.

Ich finde ihn im Affenhaus. In diesem verweile ich sowieso besonders gerne. Ich beobachte dort mit Vorliebe die anderen Besucher und staune über deren menschliches Verhalten. Beim Gorillakäfig herrscht Großandrang. Die Gorillas befinden sich zurzeit auf einem Ausflug und haben ihr Domizil dem Zimmerservice überlassen. Die Besucher schauen dem emsigen Treiben des Personals gebannt zu. Es ist beinahe andächtig still. Nur hie und da lacht ein Junge, zeigt mit dem Finger auf einen mit Stiefeln gekleideten Mann im Schaukasten und fragt die Mama: „Wischen alle Gorillas ihren Fußboden selbst auf?" Sein Schwesterchen ruft: „Schau, der da hat ja knallrote Wangen." Unterdessen kommen sich die Schimpansen und ihre Artverwandten aus Sumatra in ihrem Käfig vernachlässigt vor. Ich statte ihnen einen Besuch ab. „He Orang", ruft Utan, „da kommt Anderson!" Ich traue meinen Ohren nicht und entweiche aus dem Affenhaus, bevor ich ernsthafte psychische Schäden davontrage.

✫

Wieder draußen an der frischen Luft begegne ich einem Wärter, auf dessen Schulter ein bunter Papagei hockt. Ich halte dem Vogel ein Stückchen Brot hin. Geschickt knipst dieser mit seinem spitzen Schnabel ein Loch in meinen Daumen. Autsch! Das tut weh. Als Gegenleistung rupfe ich ihm ein paar Schwanzfedern aus, stecke sie mit Genugtuung hinters Ohr und gehe erhobenen Hauptes weiter. Der bunte Vogel schimpft mir mit beachtlichem Wortschatz hinterher. Die Gefahr ist allerdings gebannt und die Trophäe erobert. Mit ein wenig Blutvergießen zwar, aber immerhin.

✫

Die Ereignisse beginnen sich zu überstürzen. Ein Pfau nähert sich mir und interessiert sich sehr für die schönen bunten Federn hinter meinem Ohr. Ich ignoriere ihn einfach und wechsle hinüber zu den

Aquarien. Entzückt über meine Anwesenheit kriecht der Seestern enthusiastisch und völlig überflüssigerweise die Aquarienscheibe empor. Ein Kredithai entrinnt aus seinem Bassin und beißt sich in meinem Geldbeutel fest. Ich kitzle ihn an den Kiemen, damit er lockerlässt, und - ganz genau - suche so schnell ich kann das Weite.

☆

Aus gesundheitlichen Gründen beende ich die Safari. Der nächste Hauch aus der Wildnis würde mich wahrscheinlich umhauen. Auf dem Weg nach Hause überquere ich die Straße auf einem Zebrastreifen. Mit heulendem Motor löst sich ein Jaguar aus der Kurve und rast mit rasantem Tempo auf mich zu. Gerade noch rechtzeitig rette ich mich auf den Gehsteig. Auch der Zebrastreifen erkennt den Ernst der Lage und ergreift die Flucht.

☆

Zu Hause angekommen schließe ich die Tür hinter mir ab. Doch der Spuk ist noch nicht ganz ausgestanden. Sokrates, mein vierbeiniger Gefährte, empfängt mich dem Tagesverlauf entsprechend. „Wie war dein Besuch im Zoo?", fragt er mit tiefer Stimme. Meine Nerven flattern im Wind. „Schnauze!", herrsche ich ihn an. Hunde können nicht sprechen. Also soll es meiner gefälligst auch unterlassen. Kurz entschlossen setze ich ihn vor die Türe, bevor ich mich erschöpft ins Bett lege und bald darauf ins Koma falle.

Im Zoo versammeln sich indessen die Tiere vor dem Lagerfeuer und erzählen sich gegenseitig von ihren erstaunlichen Begegnungen mit den seltsamen Besuchern der menschlichen Art. Mich ernennen sie einstimmig zur Attraktion des Tages. Zum Glück bin ich nicht nachtragend. Es macht mir überhaupt nichts aus, wenn sich alle über mich lustig machen. Die Kamele, das Schweinchen, die Orang-Utans und jetzt auch noch Sie!

Gute Nacht!

Betreten verboten

Haben Sie gewusst, dass Ameisen keine Zehen haben? Neulich versuchte ich, einer auf ebendiese zu treten, als sie frohen Mutes wagte, mitten durch meine Küche zu krabbeln. Dies tat sie in der Absicht, mir meinen Proviant zu stehlen. Das Schicksal hatte ihr jedoch keine Zehen zugedacht und so trat ich ins Leere. Die Ameise hingegen bewegte sich unbeirrt und zielstrebig Richtung Kühlschrank und erreichte diesen in Windeseile. Allerdings gewährte ihr der Kühlschrank keinen Einlass. Weil Ameisen nicht die Mundwinkel nach unten ziehen können, sah man ihr die Enttäuschung nicht an. Ebenso wenig war sie in der Lage davonzufliegen, als ich ihr unmissverständlich zu verstehen gab, dass sie sich hier unter Lebensgefahr auf meinem Privatgrundstück aufhielt, indem ich meine Schuhsohle für einen Augenblick bedrohlich nah über ihrem Kopf baumeln ließ. Alsdann gebot ich ihr mit dem Spickfinger die notwendige Starthilfe, worauf sie wie eine Rakete abzischte. Da sie ihre Flügel zu Hause vergessen hatte, fiel sie nach einer kurzen Strecke wie ein Stein zu Boden. Man sah es ihr zwar immer noch nicht an, aber nun war sie definitiv verärgert. Ameisen können oder wollen nicht mit uns sprechen. Also humpelte sie stumm davon, ohne ein einziges Mal zu fluchen. Dumm war sie aber keineswegs. Die Besucherin kam am folgenden Tag nämlich wieder, und zwar zusammen mit all ihren Schwestern. Davon hatte sie unendlich viele, mindestens eine ganze Armee. Weil Ameisen Realistinnen sind, bildeten sich die Geschwister nicht ein, dass sie nun gemeinsam die Kühlschranktür hätten öffnen können. Vielmehr ortete die Späherin tags zuvor während der Inspektion meiner Küche den Brotkasten mit den darin vermeintlich sicher verwahrten, verlockend duftenden Semmeln. Darauf hatten sie es abgesehen. Ich erkannte ihr Ziel an der Richtung, welche die Kolonie eingeschlagen hatte. Haben sie schon einmal eine Ameise mit einem Einkaufswagen gesehen? Ich auch nicht. Ich habe lange überlegt, warum sie nie welche benutzen. Ich bin zum Schluss gekommen, dass es einfach zu mühsam wäre, die Wägelchen senkrecht den Küchenschrank hinaufzustoßen. Ameisen verhalten sich übrigens sehr umweltbewusst, denn sie brauchen keine Plastiktüten zum Transportieren ihrer Einkäufe. Überhaupt nehmen sie alles gänzlich unverpackt mit, sogar den Orangensaft. Stellen sie sich vor, wir könnten wie sie während des Einkaufens direkt im Geschäft unsere Flüssigvorräte hinuntertrinken, in unserem Hinterteil gespeichert nach Hause tragen und bei Bedarf einfach wieder abrufen. Wir müssten keine Harasse mühsam umherschleppen und keine leeren Flaschen entsorgen. Sind sie nicht genial, die Ameisen? Ihre Fähigkeit, als Vorratstank zu fungieren, ist nicht zu verwechseln mit dem Verhalten einiger Exemplare der menschlichen Rasse, in mehr oder weniger regelmäßigen Abständen ihren Bierbauch mit Flüssighopfen vollzutanken.

✧

Noch etwas haben uns die Ameisen meilenweit voraus: sie halten zusammen wie Pech und Schwefel. In ihren Reihen gibt es niemals ein Gerangel um die besten Schnäppchen im Ausverkauf, auch keine ausgefahrenen Ellbogen im Geschäftsleben. Jede trägt ihr Bestes für alle bei und keine einzige nützt dies zu ihrem eigenen Vorteil aus. Bemerkenswert ist überdies, dass es zwischen den männlichen Ameisen weder Streit noch Eifersucht beim Wetteifern um die Gunst ihrer Angebeteten gibt. Das liegt in erster Linie daran, dass zumeist gar keine Männchen anwesend sind. Nur für eine kurze Zeit fristen ein paar armselige Drohnen ihr Dasein. Die Königinnen erlauben ihnen das, weil sie in ihrem Leben auch einmal umarmt werden möchten. Haben sie genug davon, dürfen die Drohnen sterben. Fortan sind sie bis in alle Ewigkeit damit beschäftigt, Eier zu legen. Alle anderen Ameisen haben nie einen Freund. Überhaupt leben sie in totaler Askese. Deshalb habe ich noch nie eine von ihnen beim Skifahren angetroffen. Sie surfen auch nicht, spielen nicht Golf, gehen nicht ins Theater und hören keine Musik. Es gibt keine Ameise auf dieser Welt, die irgendetwas nur zu ihrem eigenen Vergnügen tun würde. Zum Glück bin ich nicht als Ameise zur Welt gekommen! Vermutlich wäre ich inzwischen schwer depressiv.

✧

Wenngleich die Ameisen für ihre Freunde und Verwandten schlicht alles tun und ihnen kein Opfer zu groß ist für das Wohlergehen ihrer Angehörigen, so verhalten sie sich andererseits gegenüber fremden Sippen gnadenlos. Schlägereien enden zumeist tödlich und führen unweigerlich zu groß angelegten Rachefeldzügen, in denen fremde Stämme brutal niedergemetzelt oder ganze Ameisenvölker versklavt werden. Wären sie technisch

begabt, würden sie wahrscheinlich die Atombombe erfinden und bedenkenlos gegen ihre Feinde einsetzen. Sie würden sich wohl kaum Gedanken darüber machen, dass sie damit nicht nur ihre Widersacher, sondern zugleich sich selbst und die ganze Welt mit auslöschen. Dafür ist ihr Hirn schlicht zu klein. Noch in manch weiteren Belangen manifestieren sich ihre typisch femininen Charaktermerkmale. Sie haben zum Beispiel grazile

Gesichtszüge mit einem robusten Mundwerkzeug, einen rundlichen Leib und hassen es wie die Pest, wenn man auf ihnen herumtrampelt, denn sie sind sehr feinfühlig. Letzteres erkennt man gut, wenn man eine Ameise dabei beobachtet, wie sie ins Wasser fällt. Sie gerät dann sofort in Panik.

✫

Entgegen der landläufigen Meinung sind Ameisen nicht verwandt mit den Kohlmeisen. Sie haben keine Federn und sie zwitschern nicht. Ob Ameisen etwas Gemeinsames mit den B-Meisen haben, kann ich nicht sagen. Ich habe keine Ahnung, wie die B-Meisen aussehen, wo sie leben und ob es sie überhaupt gibt. Mit Sicherheit tragen Ameisen aber keine Hufeisen. Ebenso wenig ziehen sie sich Strümpfe, Schuhe oder sonstige Kleidung über, obwohl sie wie wir keinen schützenden Pelz haben. Dabei schämen sie sich nicht im Geringsten, splitternackt spazieren zu gehen.

✫

Ameisen bevölkern die Erde seit mehr als hundert Millionen Jahren. Zu jener Zeit war ich ganz bestimmt noch nicht geboren. Darüber bin ich heute sehr froh, denn so musste ich nicht mit den Dinosauriern herumalbern. Meine Urahnen, die sich für ihren Aufenthalt auf der Erde das Eiszeitalter aussuchten, hätten garantiert eine andere Wahl getroffen, wären sie zur damaligen Zeit bereits intelligent genug gewesen. Zur Strafe für ihre Dummheit mussten sie sich gegen riesige Urzeitbären und blutrünstige Säbelzahntiger behaupten. Am meisten machten ihnen aber die winterharten Steinzeitameisen zu schaffen. Diese plünderten ihnen regelmäßig die kargen Vorräte. Vermutlich hatte man zur damaligen Zeit noch keine hermetisch abschließbaren Kühlschränke. Unlängst entdeckte Höhlenzeichnungen erzählen uns die Geschichte von den waghalsigen Raubzügen der Steinzeitameisen durch die ungeschützten Vorratskammern der Neandertaler. Erst dem frühen Homo Sapiens gelang es, sich die Ameisen zunutze zu machen. Durch die Nachahmung des Verhaltens ihrer heimlichen Vorbilder, den Affen, lernten sie, mit Stöcken Ameisen aus Astlöchern zu angeln, um sie dann aufzuessen. Mit etwas Glück erwischten sie auch die vollgefressenen, die ihnen zuvor die Vorräte weggefuttert hatten.

Ameisen sind wahre Überlebenskünstler. Wo sie sich einmal eingenistet haben, bringt man sie kaum wieder weg. Wird ihnen kein Einhalt geboten, breiten sie sich ungehindert überall hin aus. Man darf es den Ameisen nicht übel nehmen, schließlich benehmen sie sich in dieser Hinsicht genauso expansionsfreudig wie wir Menschen.

Anstatt uns über die Plagegeister zu ärgern, könnten wir vielleicht, wie damals die Nachfolger der Neandertaler, unser kulinarisches Augenmerk auf sie richten. Ameisen gedeihen überall in Unmengen. Zusammen bringen sie mehr Biomasse auf die Waage als die gesamte Menschheit. Man muss sie

nicht füttern, ihnen nicht den Stall misten und nicht auf sie aufpassen. Sie brauchen nicht einmal Antibiotika. Sie sind einfach da und warten darauf, in bester Bioqualität geerntet zu werden. Domestizierte Ameisen sammelt man, indem man die Kühlschranktüre offen lässt und zuwartet. Das funktioniert immer. Sind sie drin, kann der Kühlschrank einfach über einem Topf ausgeschüttelt

werden. In der freien Natur nimmt man am besten einen Staubsauger zur Hand. Weil sie bei der Saugmethode weniger auskühlen, sollte man sie gleich weiterverarbeiten. Sonst verlassen sie ziemlich schnell wieder den unwirtlichen Staubbeutel und verteilen sich hurtig in der ganzen Wohnung. In der Küche sind sie sehr vielseitig verwendbar. Die Zubereitung in der Bratpfanne ist einfach. Zweihundert Gramm verstaubte Ameisen werden mit zwei geraffelten Kartoffeln vermengt und solange geröstet, bis die Ameisen platzen. Dies ergibt eine nahrhafte Mahlzeit für zwei Personen. Wer mag, würzt das Ganze mit ein wenig Ingwer nach. Aufgrund des erdigen Geschmacks ist das allerdings nicht unbedingt nötig. Mit Honigtau gefütterte Ameisen eignen sich besonders gut für süß-saure Gerichte. Der Liebhaber von Brennnesseln genießt die roten Exemplare gerne roh, indem er sie langsam auf der Zunge zergehen lässt. Auch für die gehobene Küche eignen sie sich bestens. Ameisenkniescheibensalat gehört zu den auserlesenen Delikatessen, weil seine Zubereitung extrem aufwändig und darum fast unbezahlbar ist. Was teuer ist, schmeckt automatisch gut. Nach dem

Verzehr von Ameisen sollte man sich allerdings während mindestens vierundzwanzig Stunden von deren Artgenossen fernhalten. Mit ihrem ausgezeichneten Geruchssinn werden sonst die Zurückgebliebenen den Frevel bemerken und den Übeltäter erbarmungslos zur Strecke bringen.

✧

Ob schmackhaft oder nicht, meine Ameisen mochte ich nicht aufessen. Bei der ungeheuren Menge hätte ich bestimmt massiv an Übergewicht zugelegt. Also arrangierte ich mich auf andere Weise mit ihnen. Jedes Mal, wenn ich einer begegnete,

tätschelte ich sie zur Begrüßung behutsam mit den Fingerspitzen, denn wir Menschen haben ja keine

Fühler. In ihrer Zeichensprache bedeutet dies, dass ich sie als Familienmitglied anerkenne und willkommen heiße. Mit der Zeit erlangte ich ihr Vertrauen und es war mir nun möglich sie zu dressieren. Wenn sie am Morgen auftauchten, befahl ich ihnen, alles zu verspeisen was sie auffinden konnten und sie folgten mir aufs Wort. Die Ameisen wurden immer zutraulicher. Sie folgten mir nicht mehr nur aufs Wort, sie verfolgten mich auf Schritt und Tritt. Sie krabbelten an mir hoch, legten sich zu mir ins Bett und versuchten mich zu kochen. Daraufhin bin ich dann ausgezogen. Damit mein Haus nicht unnütz leer stand, haben sich die Ameisen darin niedergelassen. Ich bin ihnen dafür dankbar, denn sie halten es schön sauber. Ameisen sind nämlich penibel. Sie hassen es, wenn Krümel herumliegen. Als Gegenleistung bringe ich ihnen jeden Tag etwas zu Essen. Die Tüten stelle ich vor die Haustür, denn ich kann die Wohnung nicht mehr begehen, ohne auf meine Gäste zu treten, und das haben sie ja nicht gerne. Ich denke, das hatte ich schon erwähnt.

✧

Haben sie gewusst, dass es sich in einem Ameisenhaufen ganz gut leben lässt? Seit die Ameisen umgezogen sind, wohne ich in ihrem Bau. Sie haben ihn mir netterweise zum Nulltarif überlassen. Jede Nacht schlafe ich in einer anderen Kammer. Davon gibt es hier Tausende. Ich werde Jahre brauchen, bis ich alle durchprobiert habe. Seit ich in ihrem Hügel sesshaft bin, weiß ich, warum Ameisen nie Schnupfen haben. Das liegt daran, dass ihre Wohnungen absolut frei von Elektrosmog sind. Steckdosen sucht man vergeblich. Endlich kann ich getrost auf die Kaffeemaschine und den Toaster verzichten. Ich muss nicht mehr jeden Abend mühsam den Lichtschalter betätigen und nie mehr gemütlich auf dem Sofa sitzend fernsehen und dabei ein schlechtes Gewissen haben. Leider haben die Ameisen vergessen, eine Heizung zu installieren. Im Winter ist es deswegen ein wenig kühl. Dann ziehe ich eine Etage tiefer hinunter.

Dort liegt die Temperatur meistens über dem Gefrierpunkt. Wasserhähne im Bau sind überflüssig. Bei Regen verfüge ich überall in Strömen über fließendes Wasser. Dank der fehlenden Türen und Fenster ist die Luft immer taufrisch. Kein lästiges Klingeln der Türglocke oder des Telefons stören mich in meiner wohlverdienten Ruhe. Lediglich Regenwurm Kasimir kommt hie und da zu Besuch. Dann spielen wir im Kerzenlicht zusammen eine Partie Schach bis tief in die Nacht hinein. Manchmal bringt er seinen Schnorchel mit. Dann weiß ich, er möchte mit mir zusammen am See angeln gehen. Wenngleich ich die Ameisen für ihre Großzügigkeit hoch achte, so schätze ich doch trotz allem an meinem neuen Domizil am allermeisten, dass sie nicht hier sind. In meinem Haufen gibt es nicht eine einzige Ameise! Ach, wie ist das Leben schön!

Motten, frische Motten

Leben Sie vegetarisch, werte Leserin, werter Leser? Dann empfehle ich Ihnen dringend, die folgende Geschichte zu überspringen. Sie ersparen sich ernsthafte Ernährungsprobleme. Denn Sie ahnen vermutlich nicht, dass Sie trotz Ihren guten Absichten Jahr für Jahr ein halbes Kilo Fleisch verspeisen, mit Genuss und ohne davon zu wissen. Sie essen es morgens frisch und fröhlich mit dem knusprigen Frühstücksbrötchen, streichen mit der leckeren Beerenkonfitüre guten Gewissens noch eine Extraportion obendrauf, braten es am Mittag unwissentlich mit den Kartoffeln in der sämigen Erdnussbutter, verschlingen es am Abend mit gesundem Appetit nach Spaghetti und fruchtiger Tomatensauce aus der Tüte, ja selbst mit dem vermeintlich nur aus Gemüse bestehenden Gemüse aus der Tiefkühltruhe oder dem knackigen Salatkopf aus dem Frischwarenladen nehmen Sie es zu sich. Dabei spielt es keine Rolle, ob Ihnen das passt oder nicht. Das Fleisch ist sozusagen allgegenwärtig und steckt schlicht überall drin, zum Beispiel als vorwitziger Wurm in einem saftigen Apfel. Tatsächlich ist hier nämlich nicht die Rede vom feinen Rindsfilet à la Minute oder von Großmutters saftigem Schweinebraten, sondern von den zermahlenen Koteletts fliegender, krabbelnder und kriechender Kleinlebewesen verschiedenster Art und Herkunft. Ich möchte Ihnen unter keinen Umständen den Appetit verderben. Ich finde lediglich, Sie haben ein Recht darauf, die Wahrheit zu erfahren. Die Lebensmittelindustrie mischt die Tierchen gewiss nicht absichtlich in unsere Mahlzeiten. Aber sie verschweigt uns die Fakten. Kein Hersteller führt die zermahlenen Koteletts auf der Verpackung seiner Ware auf, obwohl davon oft ein Vielfaches enthalten ist im Vergleich zu den vorbildlich deklarierten Vitaminen oder Ballaststoffen. Selbst die Verkäuferin des Vegetarier-Ladens verschweigt uns die nackten Tatsachen. Dabei, soviel kann ich vorwegnehmen, ist das zerbröselte Ungeziefer durchaus gesund und weist einen erstaunlich hohen Nährwert auf.

Wenn Sie entgegen meiner Warnung weitergelesen haben, geschätzte Vegetarierin, dann befinden Sie sich nun im Dilemma. Daran bin ich zwar total unschuldig, aber aus aufrichtigem Dank dafür, dass Sie die Geschichte gespannt mitverfolgen, fühle ich mich dazu motiviert, Ihnen mit allen mir zur Verfügung stehenden Mitteln aus der Klemme zu helfen. Vorsorglich habe ich mich auf diesen Notfall vorbereitet und bereits im Vorfeld einige Rezepte aufgestöbert, nach deren Hilfe sich Ihr Problem rasch und spurlos wieder beseitigen lässt.

Und so lautet mein erster Tipp: Glauben Sie mir kein Wort! Das dürfte selbst dem Untalentiertesten keine Mühe bereiten und kostet überdies keinen Silberling. Also verbannen Sie ins Reich der Ammenmärchen, was ich soeben nach streng wissenschaftlichen Richtlinien dokumentiert habe. Gaukeln Sie sich vor, ich hätte die Geschichte frei erfunden und ausschließlich zur Unterhaltung geschrieben. Aber Achtung! Dieser Ansatz funktioniert nur, wenn Sie gleichzeitig darauf verzichten, selber über das Thema Recherchen anzustellen. Falls Sie das ebenfalls nicht unterlassen wollen, landen Sie erneut in der Sackgasse. Dann hilft nur noch, sich reumütig nach einer Alternative umzusehen. In diesem Fall kann ich Ihnen empfehlen, sofort alles wieder zu vergessen, was Sie bis hierher über das leidige Thema gelesen haben. Und bitte blättern Sie nun endlich weiter bis zur nächsten Geschichte! Allerdings mache ich mir keine Illusionen, dass Sie das wirklich tun werden. Da Sie sich bereits bis hierher vorgewagt haben, bin ich mir ziemlich sicher, dass Sie die gut gemeinten Ratschläge weiterhin in den Wind schlagen. Womöglich entscheiden Sie sich lieber dafür, die Nahrungsaufnahme einzustellen, um zu verhungern. Meinerseits halte ich das für keine besonders Erfolg versprechende Idee, denn Sie würden es wahrscheinlich nicht überleben. Viel lieber ermuntere ich Sie stattdessen zu einem Tapetenwechsel.

Nehmen Sie die Herausforderung an! Seien Sie flexibel! Bei der Arbeit sind Sie das schließlich auch, bestimmt sogar weit über die Schmerzgrenze hinaus. Warum nutzen sie Ihre Stärken nicht im Alltag für sich selbst? Sehen Sie ein, dass Ihre Lebensphilosophie renovationsbedürftig geworden ist. Die Zeit ist reif, um die Gesinnung zu wechseln. Wie wär's, wenn Sie das verstaubte Image vom antiquierten Vegetarier leichten Herzens hinter sich lassen und sich einer fortschrittlicheren Ideologie zuwenden? Postmoderne Bewegungen wie diejenige der Flexitarier wachsen rasant. Täglich wechseln zahlreiche Überläufer die Front und auch Sie könnten auf der anderen Seite fündig werden. Sie werden viele Gleichgesinnte antreffen, die für sich aus der Not bereits eine Tugend gemacht haben. Die Philosophie eines Flexitariers weicht dabei nur unwesentlich von der Lebenseinstellung eines Vegetariers ab. Auch der Flexitarier ernährt sich vorzugsweise von Karotten und Radieschen. Es ist ihm aber durchaus erlaubt, dass bei ihm ab und zu der menschliche Raubtierinstinkt durchbricht und er gelegentlich eine Kuh verspeist. Das ist nichts für Sie? Dann laufen Sie zu den Kannibalen über! Wenn Sie sich auf den Konsum Tiere kochender Übeltäter beschränken, können Sie das getrost mit Ihrem Gewissen vereinbaren. Schließlich lieben Sie die Tiere und verachten die Menschen, die Ihre besten Freunde aufessen.

Das war ein Witz! Selbstverständlich will ich Sie nicht dazu anstiften, Selbstjustiz auszuüben und als menschenfressendes Monster in der Großstadt zu wildern. Der Weg dorthin ist viel zu steinig. Sie würden massive Probleme mit den dort ansässigen Gesetzeshütern bekommen und ich bin mir nicht sicher, ob es irgendwo auf der Welt kannibalische Gefängniskost gibt. Also Scherz beiseite! Kehren wir zurück zum Ernst der Sache. Allmählich gehen mir die Rezepte aus. Für alle, die noch nicht aus dem Schneider sind, hab ich aber noch eins. Setzen Sie eine Hand voll Blattläuse auf Ihrem Rosenstrauch aus und beobachten Sie sie eine Woche lang. Die Läuse werden sich bald massenhaft vermehrt und den Strauch bis auf den letzten Tropfen ausgesaugt haben. Wiederholen Sie den Versuch mit ein paar Kakerlaken. Verteilen Sie diese in der Küche. Innert kürzester Zeit besitzen Sie Millionen davon. Haben Sie das erschreckende Szenario selbst hautnah miterlebt, wird Ihnen jedes Mittel recht sein, den bedrohlichen Schädlingen Einhalt zu gebieten. Sie tun also genau das Richtige, wenn Sie die Übeltäter zusammen mit dem Broccoli einfach verschlucken. In dieser Beziehung könnten Sie noch viel aktiver werden. Gründen Sie hier und jetzt eine neue Bewegung. Vertilgen Sie als überzeugter Arthropodarier die Verzehrer ihres Blumenkohls, guten Gewissens und mit Hochgenuss. Schon bald werden Sie die Zusatzkost als echte

Bereicherung auf dem Speisezettel schätzen. Ein großer Teil der Erdbevölkerung wird Ihnen gerne bestätigen, dass für sie Heuschrecken, Kakerlaken und solcherlei seit Menschengedenken zu den begehrten Köstlichkeiten zählen. „Motten, frische Motten!", ruft im fernen Lande die Verkäuferin eines Marktstandes, um die Leute auf die Leckerbissen aufmerksam zu machen. Gleich nebenan ertönt es: „Vogelspinnen, extra große Vogelspinnen!" Liebhaber arthropodarischer Delikatessen finden alles, was der Gaumen begehrt. Wasserwanzen, Wespen, Blutegel und Termiten sind bis zum Abend ausverkauft. Ich habe gelesen, dass Feigen nicht nur wegen des Fruchtfleisches gefragt sind, sondern auch wegen der darin enthaltenen Feigenwespen. Kenner sagen, sie schmecken exquisit.

✭

Läuft Ihnen schon das Wasser im Munde zusammen? Dann müssen Sie nicht unbedingt zuwarten, bis Maden, Engerlinge und Fliegen auf unseren Märkten erhältlich sind. Bestellen Sie jetzt und heute Online eine Packung Stubenfliegen im Schokoladenmantel, gefriergetrocknete Mehlwürmer, Skorpion am Spieß und was Ihr Gaumen sonst noch alles begehrt. Haben Sie Lust auf eine Portion Mehlwurm Frites? So einfach geht's: Packung öffnen, Inhalt in die vorgeheizte Fritteuse schütten, nach zwei Minuten herausnehmen und abtropfen lassen. Fertig! Da kann nichts schiefgehen. Überraschen Sie Ihre Gäste mit Grillen „Bacon and Cheese". Aber warum kaufen, was draußen vor der Haustür krabbelt? Der passionierte Sammler holt sich die Hauptzutat für eine leckere Maikäfersuppe mit Schlagsahne gleich selber aus dem lichten Laubwald von nebenan auf den Präsentierteller. Wie wäre es zur Nachspeise mit „Engerlingen al dente"? Graben Sie den Komposthaufen um und sie werden fündig. Beim Sammeln in der freien Natur ist allerdings etwas Vorsicht geboten. Nicht alles was kriecht, schmeckt! Gehen Sie vorsichtshalber zu einer Insektensammelkontrollstelle, wenn Sie sich Ihrer Sache nicht sicher sind. Der Experte wird Ihnen zeigen, was essbar ist und ungenießbare Stinkwanzen oder übel gelaunte Hornissen gleich aussortieren. Leiden Sie unter einer Fliegen- oder Mückenplage im feuchten Sommer? Sammeln Sie die Viecher ein, verkneten diese zu einem Teig und backen daraus, in Bananenblättern eingerollt, einen Kungu-Kuchen. Köstliche Gerichte mit Ameisen habe ich Ihnen ja bereits vorgestellt. Ich fühle mich geehrt, dass Sie sich noch an die Geschichte und vor allem an die genaue Seitenzahl erinnern.

✫

Ich hoffe, es ist mir gelungen Ihnen aufzuzeigen, dass der Verzehr von Insekten überaus sinnvoll, sehr gesund und überraschend genussreich ist. Ich bin überzeugt, schon bald werden verschiedene Studien belegen, dass Sie als eingefleischter Arthropodarier eine signifikant höhere Lebenserwartung haben im Vergleich zum Durchschnitt der Gesamtbevölkerung. Nicht nur, weil die Insektenkost das Konzert der Stoffwechselabläufe durchwegs positiv beeinflusst, sondern in erster Linie als Folge Ihres eisernen Durchhaltevermögens.

Werdegang einer Kaulquappe

Meine Mundwinkel begannen aus Vorfreude zu zucken, als ich den Fernseher einschaltete, um mir die Wetterprognose anzusehen. Ich wurde nicht enttäuscht. Harald Donnerwetter verkündete allen Ernstes, dass sich ein Tief mit mächtigen Gewitterzellen von der Biskaya südostwärts nach Europa bewege und morgen bei uns das Wetter beeinflusse. Demgegenüber verhießen mir die hoch am Himmel fliegenden Schwalben strahlenden Sonnenschein. Somit ging ich am folgenden Tag unbesorgt schwimmen und erfreute mich des herrlichen Badewetters. Denn wie zu erwarten war, überlegte es sich das Tief anders, zog westwärts weiter und beeinflusste in Europa einzig die gute Laune von Harald.

Schon als Kind erzählte Klein Harry seinen Spielgefährten, solange er welche hatte, die abenteuerlichsten Ammenmärchen. Herminchen brach er fast das Herz, als er sie glauben ließ, ihre Katze sei gar nicht davongelaufen, sondern gefressen worden. Wahrscheinlich vom Hund des Nachbarn. Als die Katze nach drei Wochen gesund und munter wieder auftauchte und vom Kopf bis zum

Schwanz kein Haar an ihr fehlte, fiel Herminchen ein großer Stein vom Herzen. Sie hob den Stein auf, warf ihn durch Harrys geschlossenes Dachfenster und beschloss, nie wieder ein Wort mit dem Firlefanz zu sprechen. Dieser verdarb inzwischen seinen Sportsfreunden die Freude am Fußballspiel. Aufgeregt berichtete er ihnen von der weltweiten Rückrufaktion abertausender Fußbälle, die versehentlich mit Knallgas gefüllt worden seien. Die Bälle könnten gnadenlos explodieren, wenn sie zu heftig mit den Füßen getreten würden, warnte er seine Kameraden. Worauf diese entmutigt das Feld verließen. Sie betraten es erst wieder nach ein paar Monaten, nachdem nichts passiert war. Sie mussten sich eingestehen, dass Harry sie gehörig veräppelt hatte. Zur Strafe durfte der Scherzbold nicht mehr mitspielen. Harry fühlte sich von seinen Kameraden ungerecht behandelt. Er führte sie ja nicht in böswilliger Absicht hinters Licht. Die Schuld daran trugen seine Gene. Ihm wurde viel zu viel Fantasie in die Wiege gelegt. Dagegen war er machtlos und kein Psychologe dieser Welt konnte ihm helfen. Ab dem zwölften Altersjahr erwachte in Harry das Interesse an der Meteorologie, nachdem er von einer Kaulquappe gebissen wurde. Das Schicksal nahm seinen Lauf. Der Firlefanz folgte seiner Besessenheit und wuchs heran zum ausgefuchsten Wetterfrosch. Er bewarb sich beim Fernsehen und wurde prompt als Moderator beim Wetterdienst engagiert. Für die ahnungslosen Zuschauer stieg folglich das Risiko drastisch an, sommerlich gekleidet an der frischen Polarluft zu erfrieren. Innert kürzester Zeit verbreitete sich in der Bevölkerung eine allgemeine Verunsicherung. Die Menschen wagten sich nicht mehr nach draußen. Sie mochten sich aber nicht damit abfinden, den Rest des Lebens als Stubenhocker zu verbringen. Ebenso hatte niemand Lust, ständig Sonnenhut, Faserpelz und Regenschirm gleichzeitig mit sich herumzutragen, um für alle Eventualitäten gewappnet zu sein. Nur der Brite hatte kein Problem mit dem Regenschirm. Folglich explodierte die Nachfrage nach Baro-, Thermo-, Hygro-, Seismo-, Gammaspektro- und Kilometern. Auch der altbewährte Bauernkalender erlebte eine glanzvolle Renaissance. Binnen weniger Tage waren sämtliche Artikel ausverkauft. Wer zu spät kam, orientierte sich notgedrungen an der Wetterfühligkeit eines Tannenzapfens. Andere hielten sich einen selbst gefangenen Laubfrosch. Nach dem hiesigen Naturschutzgesetz war die Haltung von Amphibien zwar untersagt. Allerdings leuchtete das den Fröschen nicht ein. Im Terrarium waren sie doch viel besser vor den Gefahren der launischen Natur geschützt als in einem von hungrigen Störchen umzingelten Teich. Um nicht aufzufliegen, verhielten sie sich deshalb in den Wohnungen möglichst ruhig. Dieses Thema möchte ich jetzt aber nicht weiter verfolgen, sonst verliere ich den Faden. Die Zuschauer verließen sich also nicht mehr auf Haralds Fantastereien. Über seine dreisten Auftritte amüsierten sie sich dafür umso köstlicher. Wenn der Firlefanz die Sendung moderierte, erreichte die Einschaltquote des Senders Spitzenwerte. Harald verdiente sich eine goldene Nase und fühlte sich wie der Froschkönig im Schlaraffenland. Allerdings litt sein Stolz zunehmend darunter, dass er dauernd Unrecht hatte. Als schließlich der Touristenverband die permanenten Fehlprognosen zum Anlass nahm, Schadenersatzforderungen gegen ihn zu richten, weil die vergraulte Kundschaft immer öfter ausblieb, musste er sich etwas einfallen lassen. Er besuchte an der sprachwissenschaftlichen Akademie für rechtskonforme Artikulierung hochspekulativer Schnapsideen den berufsbegleitenden Intensivkurs in schönrednerischer Verniedlichungstaktik. Wortgewandt formulierte der zertifizierte Meister seines Fachs hernach mit erstaunlicher Treffsicherheit, das Satellitenbild als Beweis im Hintergrund auf Großleinwand projiziert, wie tags zuvor ein Tief von der Biskaya westwärts weiterzog und andernorts ergiebige Niederschläge brachte. Die Sendung mit einer Rückblende zu eröffnen, erwies sich als kluger Schachzug. Harald konnte plötzlich mit unanfechtbaren Fakten aufwarten. Überdies brachte er damit die Hälfte der Sendezeit über die Runden.

„Veränderlich!" lautete sein Motto für den heikleren zweiten Teil, der sich gezwungenermaßen mit den Ereignissen der folgenden Stunden und Tage zu befassen hatte. „Schneefallgrenze zwischen null und dreitausend Meter über Meer, zum Teil bis unter die Niederungen sinkend", prophezeite er keck und fuchtelte wild mit dem Zeigefinger vor der Leinwand herum. Darauf schwebten ein paar Wolken am Himmel. Dazwischen lachte die Sonne hervor und eine Handvoll Regentropfen fehlte ebenfalls nicht. Ein Pfeil zur Anzeige der Windrichtung drehte sich einige Mal im Kreis herum. „Irgendwann und irgendwo ziehen bestimmt ein paar Wolken vorüber und wenn es nicht regnet, dann scheint vielleicht die Sonne", dachte sich Harald. In der felsenfesten Überzeugung, eine bombensichere Vorhersage zu landen, verkündete er neulich vollmundig: „Auf der rechten Mondhälfte scheint heute die ganze Nacht die Sonne." Ausgerechnet für jene Nacht hatten die Astronomen eine Mondfinsternis vorausberechnet. Peinlich, peinlich!

Eines Tages erwischte mich Harald eiskalt. Mein Biorhythmus befand sich damals auf dem Höhenflug und ich hätte am liebsten die ganze Welt umarmt. Aus Übermut beging ich den schweren Fehler, Haralds Worten blindlings zu vertrauen. Ich kehrte tropfnass vom Wanderausflug zurück und musste anschließend zwei Wochen lang eine hartnäckige Erkältung auskurieren. Dafür sollte er mir nicht ungestraft davonkommen. Bald darauf entdeckte ich in meiner Lieblingszeitung einen brillant verfassten Leserbrief. Er wurde zweifelsfrei von einer außergewöhnlichen Persönlichkeit mit scharfem Verstand und goldener Feder zu Papier gebracht. Der Artikel eröffnete mit der provokativen Frage, ob womöglich Noahs Vorsehung von der Sintflut im Grunde genommen einer simplen Wettervorhersage gleichkomme. Gespannt folgte ich den weiteren Ausführungen: „Wenn dem so wäre, dann wäre Noah nicht nur der erste Wetterprophet seit Beginn der Geschichte, sondern bis heute auch der einzige seines Standes, dessen Prognosen tatsächlich zutrafen. Wie recht bekam er doch, als er der Menschheit eine riesengroße Katastrophe prophezeite! Damals lachten ihn alle aus, stempelten ihn zum Sonderling ab und hörten nicht auf ihn. Heute wissen wir, sie hätten es besser getan. Vergegenwärtigen wir uns im direkten Vergleich die Wetterprognose für vergangenen Sonntag. Harald Donnerwetter verkündete ohne rot zu werden allerschönstes Frühlingswetter. Die Vorhersage entpuppte sich als riesengroße Katastrophe. Es regnete rekordverdächtig. Zum Glück lachten die Menschen über Harald, betrachteten ihn als einen Sonderling und hörten nicht auf ihn." Habe ich erwähnt, von wem der Artikel geschrieben wurde? Vermutlich erschien es mir nicht der Rede wert. Jedenfalls stießen meine Worte auf rege Resonanz. Unverzüglich suchte mich der Gemeindepfarrer im Auftrag des Bischofs auf und sorgte sich um meine Seele. Ich erklärte dem Pfarrer, dass ich es nicht auf die Kirche abgesehen hatte, geschweige denn auf Noah, sondern dass ich eine persönliche Abrechnung mit Harald Donnerwetter begleichen wollte. Der Bischof und der Pfarrer hörten meine Stellungnahme an und weil die beiden Sinn für Humor haben, verziehen sie mir den jugendlichen Übermut. Fatalerweise verhalf ich Harald mit dem Vergeltungsakt zu seiner wahren Begabung. Während er den Artikel messerscharf analysierte, wurde ihm bewusst, dass er die einzigartige Fähigkeit besaß, mit seinen Vorhersagen das Klima zu beeinflussen. Er hatte die höchste Stufe seines Berufsstandes erreicht! Den Rang des Wettermachers. Für die Unterstützung dankt er mir seither auf seine persönliche Art. Jeden Tag meldet er für meinen Wohnort strahlenden Sonnenschein und sommerliche Temperaturen. Seinetwegen ist meine Haustür seit Wochen zugeschneit.

Lobeshymne auf die Intuition

Anfangs Sommer musste ich einen schweren Verlust hinnehmen. Ich hatte mein Badetuch verloren. Dabei war es so hoffnungsvoll grün und passte perfekt zu den braunolive gestreiften Badehosen. Dummerweise war das Tuch im Gras mehr oder weniger unsichtbar. Daher fand ich es eines Tages nicht mehr wieder, als ich vom Schwimmen zurückkam. Nun lag es irgendwo auf der Wiese herum und wartete geduldig auf mich, falls es nicht vom Gärtner versehentlich mit dem Rasenschnitt zusammengerecht und kompostiert wurde. Nachdem ich den schmerzlichen Verlust überwunden hatte, kaufte ich mir ein Neues. Ich entschied mich für ein auffällig oranges, mit einem Regenbogen und lustigen Seifenblasen bedrucktes, samtweiches Stöffchen. Die Auswahl entpuppte sich als pures Glück im Unglück. Das stundenlange Suchen meines Liegeplatzes gehörte endlich der Vergangenheit an, denn die leuchtenden Farben des knallbunten Tüchleins strahlten mir bereits von Weitem entgegen. Somit konnte ich mich wieder voll und ganz dem eigentlichen Sinn des Strandlebens widmen. Ganz nebenbei übte das Frottee eine magische Anziehungskraft auf gelbe und weiße Bikinis aus. Kaum schwang ich das gute Stück wie eine Fahne durch die Lüfte und breitete es mit einer sanften Landung auf dem Rasen aus, waren sie da und wollten ihm nahe sein. Derweil verblasste die sommerliche Bräune der benachbarten Badegäste zu einem neidvollen Beige. Dabei war es doch nüchtern betrachtet nur ein Badetuch, ein sehr schönes zwar, aber sonst eigentlich nichts Besonderes, abgesehen vom Typ, dem es gehörte. Und der hatte sich nach einem ausgiebigen Bad zum Trocknen hingelegt und träumte genüsslich vor sich hin.

✧

Verboten verführerisch lag also das unwiderstehliche Wundertuch in trauter Zweisamkeit mit mir auf der Wiese, umzingelt von Nathalie, Jaqueline und Amélie, die zusammen mit Désirée, Monique und Céline sehnsüchtig darauf warteten, dass ich bald aufwachte und eventuell ein Eis mit ihnen essen ginge. Doch vorerst hatte ich Lust, mich noch ein wenig in das Frottee einzurollen. Dabei entging mir, dass sich am Horizont dunkle Wolken auftürmten und ein heranziehendes Gewitter ankündigten. Es dauerte noch eine gute Viertelstunde, bis die Front eintraf und stürmischer Wind aufkam. Hektische Aufbruchsstimmung machte sich auf der Wiese breit. Eilig packten die Menschen ihre Sachen zusammen, noch bevor diese von einer Windböe erfasst und davongetragen werden konnten. Die Strandnixen machten sich große Sorgen um ihre Frisuren und suchten flugs das Weite. Schnell zog auch ich die Krawatte über, schlüpfte in die Schuhe und eilte zum Parkplatz. Dort herrschte bereits ein heilloses Durcheinander. Der Wind ließ nach. Es begann zu regnen. Ich wühlte mich durch die Menge bis zu meinem Fahrrad hindurch und schwang mich in den Sattel. Hätte ich es nicht vorgezogen, noch einmal kurz abzusteigen, um das Sicherheitsschloss zu öffnen, wäre ich losgefahren. Ich benahm mich möglichst unauffällig. Man muss ja nicht immer alles an die große Glocke hängen. Der zweite Anlauf gelang besser. Lediglich auf den ersten Metern wurde ich in zwei kleinere Handgemenge verstrickt. Ein ungeduldiger Drängler wartete darauf, dass ich ihn mit einem gezielten Fußtritt an die Lenkstange zu Fall bringen würde und ein rücksichtsloser Rüpel verspürte heftiges Verlangen nach meinem rechten Ellbogen zwischen seinen Rippen. Ich verweigerte den beiden meine Dienste. Ich hatte jetzt keine Zeit für solche Späße. Auf der Straße fand ich mich in einem spektakulären Massenstart wieder. Aber schon bald lichteten sich die Reihen. Schlussendlich bog der letzte Mitstreiter um die nächste Ecke ab und ich war alleine unterwegs.

✫

Da meine Krawatte inzwischen komplett durchnässt war, hatte ich keinen triftigen Grund mehr zur Eile. Also drosselte ich das Tempo und fuhr gemächlich weiter durch den lauen Sommerregen. Ich wählte die etwas längere Route am Seeufer entlang, abseits des Straßenverkehrs. Autos, die Fußgänger und Fahrräder stets bei der wasserreichsten Pfütze passieren, durften hier nicht fahren. Während ich einsam heimwärts radelte, hing ich verträumt meinen Gedanken nach, lauschte dem leisen Prasseln des Regens und überholte eine Schnecke. Allmählich wurde mir kühl und ich trat wieder mit voller Kraft in die Pedalen. Die Regentropfen klatschten mir ins Gesicht und der Fahrtwind drückte mich in den Sattel. Ich musste die Augen zukneifen, um überhaupt noch etwas zu sehen. Da stand plötzlich der kleine Knirps mitten in meiner Rennbahn und las in aller Gemütsruhe seinen Ball auf, der ihm offensichtlich davongerollt war. Die Mama sprang aus dem Unterstand hervor und rannte zu ihrem Söhnchen. Sie packte den Knirps am Arm und zerrte ihn eilig zur Seite. Bei diesem Manöver entglitt dem Kind der Ball wieder und es entriss sich der Obhut seiner Mama, um ihn zurückzuholen. Somit stand der Flegel wieder mitten in der Fahrbahn. Selbstverständlich drückte ich ab dem ersten Augenblick der aufkommenden Gefahr voll auf die Bremse, aber bekanntlich verhindern nasse Felgen zuverlässig, antike Fahrräder innerhalb einer vernünftigen Distanz zu einer Temporeduktion, geschweige denn zum Stillstand zu bringen. Auf den ersten zwanzig Metern zeigte das Tretmobil überhaupt keine Reaktion auf das Bremsmanöver. Die Distanz zwischen dem Kleinen und mir schwand rasend schnell dahin. Letztlich blieb mir nur noch ein Ausweg, um den drohenden Zusammenstoß zu verhindern. Ich riss eine starke Linkskurve und entkam mit knapper Not der Kollision mit einem Kastanienbaum, der vor Schreck erstarrt wie verwurzelt stehen blieb. Mit dem Uferbördchen des Sees verließ ich die letzten Zentimeter festen Boden unter den Rädern und setzte zum Flug an. Instinktiv zog ich das Lenkrad nach oben, um an Höhe zu gewinnen. Sofort befand ich mich im freien Fall. Meine Tage schienen gezählt zu sein. Ich flog hinfort und konnte nichts anderes mehr tun, als auf das unmittelbar bevorstehende Ende zu warten.

✠

Mein vegetatives Nervensystem übernahm spontan die Kontrolle und berauschte meine Sinne mit einer Überdosis Adrenalin. Das entspannte mich und ich erlebte das erhabene Gefühl, frei wie ein Vogel durch die Lüfte zu schweben. Im Angesicht der ewigen Jagdgründe spielte sich der berühmtberüchtigte Film über das eigene Leben vor meinen Augen ab. Das episodale Langzeitgedächtnis lief zur Hochform auf und beförderte Vergangenes zu Tage, das schon lange aus dem Bewusstsein entschwunden war. Ich erinnerte mich ganz genau daran, wie ich als drei Monate alter Säugling zum Lieblingsspielzeug von Lucie auserwählt wurde. Meine damals fünfjährige Cousine entdeckte gerade ihre ersten mütterlichen Gefühle und ich durfte daran teilhaben. Eines schicksalhaften Tages ging sie mit mir spazieren. Sie schob mich im Babywagen über den Spielplatz, legte alle dreißig Sekunden einen Zwischenhalt ein, zeigte mir mit einem breiten Grinsen ihre neckischen Zahnlücken und steckte mir den Schnuller in den Mund, worauf ich diesen jeweils sogleich wieder ausspuckte und ihr die Zunge herausstreckte. Die Art, wie ich ihr gegenüber meine Dankbarkeit zum Ausdruck brachte, schien sie noch nicht zu begreifen und sie nervte sich zusehends. Schließlich ließ sie mich stehen und spielte lieber mit ihren Puppen weiter. Langeweile überkam mich, also begann ich heftig zu zappeln. Mein Wagen nahm dies zum Anlass, ins Rollen zu geraten. Zuerst war ich erfreut darüber, dass es mir gelang, die Fäden selbst in die Hand zu nehmen. Als dann der Wagen statt links in Richtung Sandkasten abzubiegen, so wie ich es vorhatte, den Ausgang hin zur Straße suchte, wusste ich instinktiv, dass ich die Kontrolle bereits wieder verloren hatte. Machtlos lag ich da und zweifelte an meinen Fähigkeiten. Ich konnte weder um Hilfe rufen noch war ich in der Lage auszusteigen. Nur am Daumen lutschen konnte ich schon ordentlich, aber in diesem Fall nützte das nichts. Mir blieb einzig übrig, die Situation im Auge zu behalten und zuzusehen, was weiter passierte. Der Wagen wurde zügig schneller und die Straße rückte immer näher. Ich brauchte dringend eine Eingebung. Intuitiv bekam ich heftigen Schluckauf. Eine Mama hörte das Hicksen, erkannte die verzwickte Lage und stoppte den Wagen, knapp bevor er den Gehsteig verlassen und die Straße bei Rot traversiert hätte. Damit rettete sie mich vor dem Schlimmsten. Vor allem bewahrte sie mich davor, dass ich schon als Säugling auf die schiefe Bahn geriet, denn auch für Kleinkinder ist es strengstens verboten, bei Rot die Straße zu überqueren. Ich wäre wohl als jüngster Verkehrssünder der Welt im international einsehbaren Bußenregister gelandet. Ich bedankte mich bei der Mama mit einem unwiderstehlichen Babylächeln und dem betörenden Duft vollklimatisierter Windeln. Die Zeitreise nahm ihren Lauf und beförderte mich in das zarte Alter, als ich bereits laufen und Dreirad fahren konnte. Letzteres machte mir riesigen Spaß, aber ich wurde weiterhin streng bewacht von Lucie. Darum konnte ich mich nicht recht entfalten. An jenem Sonntag gelang es mir aber, meiner Cousine zu entkommen, als sie damit beschäftigt war, in der Nase zu bohren. Ungestört begab ich mich auf Entdeckungsreise, wie sich das für einen strammen Jungen gehört. Ich wusste damals bereits aus eigener Erfahrung, dass es unmöglich war, mit dem Dreirad eine Treppe hochzufahren. Aber hinunter müsste das gelingen, überlegte ich mir. Bergab rollt es immer von selbst. Also nahm ich Kurs auf die Treppe, um der Sache auf den Grund zu gehen. Es war ganz einfach. Ich verließ die oberste Stufe, donnerte mit dem Vorderrad auf die nächste, überschlug mich dabei und landete ziemlich unsanft auf der darauffolgenden, machte einen Purzelbaum bis zur übernächsten und kullerte weitere drei hinab. Eigentlich hatte ich nun genug davon. Mir tat alles weh und ich wünschte mir, dass es aufhört. Blöderweise lagen noch viele Stufen vor mir. Zum Glück fiel mir genau jetzt die rettende Idee ein. Sie machte mich auf die beidseitig begrenzte Breite von Treppen aufmerksam. Links und rechts von der meinen befand sich niederes Gebüsch, welches mir die Möglichkeit zu einer einigermaßen sanften Landung anpries. Wie von selbst kullerte ich mit einem Rechtsdrall weiter und landete nach zwei zusätzlichen Stufen in den Büschen. Jetzt sehnte ich mir Lucie herbei, damit sie heftig auf mich einschimpfen konnte, was sie denn auch tat, als sie mich gefunden hatte. Ich wurde den Verdacht nie ganz los, dass es ihr Spaß bereitete, mir die spitzen Dornen des Gestrüpps aus dem Sitzfleisch zu ziehen. Das Rad der Zeit drehte sich weiter und ich wuchs dahin. Als es wieder innehielt, saß ich zitternd auf der Schulbank und erwartete wie gewohnt das niederschmetternde Urteil meines Deutschlehrers über meine schriftliche Arbeit. Er hasste mich und meine Aufsätze wie die Pest. Treffsicher fand er die richtigen Worte, um meine schwächelnde Schreibfertigkeit komplett zu demontieren. „Du bist ein hoffnungsloser Schwimmer, ein sinkendes Wrack, eine zapfenlose Flaschenpost", lobte er mich und meinen Aufsatz in den höchsten Tönen, worauf ich in eine endlos tiefe Depression verfiel. Ich befreite mich aus eigener Kraft, indem ich aus einem spontanen Entschluss heraus begann, Romane zu schreiben, und dies so lange fortführte, bis man mir einen Literaturpreis versprach, unter der Bedingung, dass ich endlich damit aufhörte.

☆

Die längste Sekunde meines Lebens war verstrichen und ich wurde zurück in die Gegenwart katapultiert. Hier ging mein freier Fall unweigerlich dem Ende entgegen und die bevorstehenden Ereignisse bedurften meiner vollen Aufmerksamkeit. Das Kribbeln im Bauch wurde fast unerträglich. Eine hundsgemeine Panikattacke versuchte, mich zum Aufgeben zu zwingen. Doch die taufrischen Erinnerungen an heil überstandene Gefahrenmomente flößten mir Mut ein. Mir wurde klar, dass ich jetzt dasselbe wie dazumal brauchte, um die brenzlige Situation zu meistern: Ich brauchte eine Eingebung. „Du musst dir die Nase zuhalten!", ging mir durch den Kopf. Na bitte! Da war sie

schon, meine Eingebung. Die bevorstehende Wasserung bereitete mir nicht länger Kopfzerbrechen.

Sie erfolgte denn auch prompt und ohne mein Zutun. Vorab klatschte mein Rad ins Wasser, hinterher ich, und schon begab ich mich auf Tauchstation. Selbstbewusst hielt ich mir mit einer Hand die Nase zu. So musste ich unter Wasser nicht niesen und ebendies rettete mir das Leben, denn ich hatte kein Taschentuch dabei, mit dem ich mir die Nase hätte putzen können. Nichts hinderte mich daran, auf direktem Weg zum Seegrund abzusinken. Es glückte mir, auf dem Fahrrad sitzend sanft auf dem Boden aufzusetzen. Mit nur einer Hand am Lenkrad fiel es mir unter den gegebenen Umständen einigermaßen schwer, das Gleichgewicht zu halten. Im unter Wasser typischen Zeitlupentempo fiel ich gemächlich in den weichen Schlamm. Ich spielte mit dem Gedanken liegenzubleiben, um ein wenig zu schlafen, denn ich war müde und etwas Erholung hätte mir sicherlich gut getan. Aber die knappen Sauerstoffverhältnisse bewogen mich dazu, die Unterwasserexpedition vorzeitig zu beenden. Fast so wie einst Godzilla in New York tauchte ich vor der Küste meiner Heimatstadt auf. Erst sah man nur den Kopf, dann die Krawatte und schließlich die furchterregenden Schlammhosen. Leider war niemand anwesend, der deswegen in Panik geriet. Dann hätte ich an dem lächerlichen Zirkus wenigstens auch meinen Spaß gehabt. Der kleine Knirps und seine Mama bekundeten ihre helle Freude an der Vorführung und eine Schiffsladung voll Paparazzi, die heimlich den Spuren meines Badetuchs gefolgt waren, wollte mich in meine fotografischen Einzelteile zerlegen. Die schicke Algenperücke bedeckte zum Glück mein Gesicht und machte mich unkenntlich. Trotzdem zog ich es vor, den Blitzlichtern zu entrinnen. Ich tropfte auf die Straße, plätscherte das Fahrrad und spritzte davon. Nur eine Schlammspur erinnerte noch für kurze Zeit an mich. Dann wurde auch sie vom heftigen Regen ganz weggespült und ich war nie dort gewesen.

Irgendetwas war mit meinem Fahrrad nicht mehr in Ordnung. Das Treten kostete mich viel mehr Kraft als vor dem denkwürdigen Zwischenfall. Zu Hause angelangt entdeckte ich den Grund. Eine winzige Süßwassermuschel hatte sich an einer Speiche festgebissen. Es musste ihr unterwegs ziemlich übel geworden sein und jetzt röchelte sie nach Wasser. Ich gewährte ihr Unterschlupf in meinem Aquarium. Nach einer Weile entschloss ich mich, sie für immer zu behalten. Mit ihrer harten Schale um den weichen Kern und dem unverkennbar breiten Grinsen erinnerte sie mich unweigerlich an meine Cousine. Und so taufte ich sie auf deren hübschen Namen Lucie. Meinem Deutschlehrer schrieb ich einen Liebesbrief. Ich verdankte ihm die harte Lebensschule und bekundete ihm meine aufrichtige Freude darüber, dass er inskünftig im Unterricht Vorträge über die literarischen Werke seines ehemaligen Lieblingsschülers abhalten durfte. Daraufhin kündigte der Pauker vor Begeisterung sein Lehramt und wanderte aus. Soviel ich weiß, zog er sich auf die südlichen Sandwichinseln zurück und schloss sich einer Kolonie Pinguine an. Mein Badetuch fühlte sich den Winter hindurch im Wäscheschrank ohne die Bikinis ziemlich einsam. Darum lud ich Nathalie, Jaqueline und Amélie hie und da zu uns nach Hause ein. Worüber sich die vier in meinem Schrank unterhielten, will ich gar nicht wissen. Habe ich etwas vergessen? Ah ja! Sollte ich wieder einmal hinfallen, werde ich alles daran setzen, dass ich mich zu diesem Zeitpunkt unter Wasser aufhalte.

Ehrlich währt am längsten

Archibald Falteimer betrachtet gedankenversunken die fein säuberlich hergerichtete Schaufensterdekoration des kleinen Juwelierladens um die Ecke. Er träumt davon, irgendwann einmal ein Exemplar genau jener goldenen Uhr an seinem Handgelenk zu tragen, die gerade vorhin noch im Schaufenster lag. Er beneidet deren neuen Besitzer, der offenbar sehr wohlhabend ist, da er soeben alles zusammenkauft, was ihm zwischen die Finger gerät. Eilig klauben zwei flinke Hände die kostbaren Schätze zwischen der Dekoration zusammen und lassen sie in einem schwarzen Stoffsäckchen verschwinden. Jetzt hört Archibald die Tür nebenan aufschlagen und jemanden davonrennen. Eine Männerstimme ruft um Hilfe. „Haltet den Dieb! Er hat meinen Laden ausgeraubt!" Während Archibald geistesabwesend der flüchtenden Gestalt nachschaut, packt ihn der Juwelier an der Schulter. „Sie haben ihn gesehen! Sie standen die ganze Zeit vor dem Schaufenster und erkennen den Dieb bestimmt wieder. Helfen Sie mir bitte! Ich will meine Juwelen wiederhaben." Archibald registriert allmählich, was geschehen ist und sieht sich zusehends unfreiwillig in einen Überfall verwickelt. Plötzlich sind viele Menschen um ihn versammelt und jeder will etwas Wichtiges beobachtet haben. Es herrscht ein heilloses Durcheinander auf dem Gehsteig. Polizeisirenen ertönen. Ein zugelaufener Schaulustiger, der zuvor auf der anderen Straßenseite auf den Bus wartete, setzt sich in Szene: „Der Räuber hatte einen Komplizen. Diesen Mann hier! Er hat die ganze Zeit am Fenster Wache gestanden." Und so kommt es, dass Archibald wegen dringenden Tatverdachts verhaftet wird.

Auf dem Revier muss Archibald stundenlange Verhöre über sich ergehen lassen. Er beteuert immer wieder, dass er aus purem Zufall ausgerechnet vor dem Laden des Juweliers gestanden und mit dem Diebstahl überhaupt nichts zu tun habe. Die mahnenden Worte von Kommissar Steinbrech klingen nach einem Versprechen: „Falteimer, früher oder später wird Ihnen vergehen, Ihren Kompagnon zu decken. Wir haben Zeit. Viel Zeit!" Archibald erkennt allmählich die aussichtslose Lage. Nach einer Woche Untersuchungshaft hält er dem Druck nicht mehr stand und packt aus: „Also gut! Der Dieb hat zwei Hände. Eine links, die andere rechts. Ich weiß nicht, ob seine Fingernägel zur Tatzeit kurz geschnitten waren. Er hatte Handschuhe an. Wozu er Schuhe an den Händen trug, ist mir ein Rätsel. Er lief auf den Füßen davon. Ich finde dieses Verhalten äußerst verdächtig." Der

Kommissar gibt sich damit nicht zufrieden. Er lässt ein Phantombild erstellen. Der Zeichner skizziert auf dem Papier den groben Umriss eines Kopfs. „Ja genau! Der da mit dem Kopf ohne Gesicht war es. Das Gesicht blieb nämlich hinter dem Vorhang verborgen." „Trug er eine Brille?", will der Kommissar wissen. „Wenn, dann trug er sie auf der Nase. Und diese, ich meine die Nase, befindet sich vermutlich mitten im Gesicht. Ich habe es aber nicht gesehen." Nach und nach verfeinert sich das Phantombild des Täters. Archibald bleibt in Untersuchungshaft. Anhand der Beschreibung überführt der Kommissar zwei Tage später einen Mann mit einer Nase und einem verdächtig ausdruckslosen Gesicht. Es kommt zur Gegenüberstellung. Archibald kooperiert soweit, dass er entlastet wird, dabei aber nicht lügen muss. „Es besteht die Möglichkeit, dass dieser Mann der Täter ist. Aber es kommt ebenso jeder andere in Frage, der für die Tatzeit kein Alibi vorweisen kann." Der Festgenommene wird unter dessen lautstarken Protest abgeführt und Archibald endlich entlassen.

Wieder zu Hause holt Archibald die Post der letzten zwei Wochen aus dem Briefkasten. Ein kleines Paket ohne Absender ist auch dabei. Es enthält eine goldene Uhr, und zwar exakt das Modell, das er sich immer gewünscht hat. Dabei liegt ein Zettel, auf dem Folgendes geschrieben steht: „Danke für Ihre Unterstützung und Gratulation! Sie sind angestellt! Den nächsten Raubzug verübe ich am achtzehnten August um fünfzehn Uhr. Sesamstraße 14, Juwelier Goldmann. Halten Sie sich bereit! Es lohnt sich!" Archibald ist sprachlos. Er muss nachdenken. Da dies nicht unbedingt seine Stärke ist, brummt ihm nach kurzer Zeit der Kopf. Sollte er schleunigst die Koffer packen und auswandern? Oder sollte er auf das Angebot eingehen? Schließlich sucht er seit Monaten eine neue Stelle. Seit sein Filialleiter das Warensortiment komplett erneuert hat, trägt er während der Arbeit eine Sonnenbrille. Damit ihn niemand erkennt. Er würde viel lieber im Erdboden versinken, als seinen Kunden kurzärmelige Wintermäntel und Rollkragen ohne Pullover aufschwatzen zu müssen. Tag für Tag gaukelt er sich vor, dass man die Mäntel wenigstens als Teppichvorleger benutzen könnte. Nun bot sich ihm die Gelegenheit auszusteigen und mit dem Unfug endlich Schluss zu machen. Aber kann er mit seinem Gewissen vereinbaren, dass sein neuer Auftraggeber ein Dieb ist? Archibald mag wohl nicht der Klügste sein. Aber er würde um keinen

Preis jemand anderem absichtlich ein Leid zufügen. Er fühlt sich hin und her gerissen und sucht nach Argumenten, die seine Bedenken zu widerlegen vermochten. Eigentlich fügt er niemandem Schaden zu, denkt er sich. Was ist schon dabei, tatenlos vor einem Schaufenster herumzustehen? Er zieht den Leuten das Geld nicht aus der Tasche. Das macht der Dieb selbst. Unabhängig davon, ob er vor dem Schaufenster herumsteht oder nicht. Der Dieb tut es ohnehin. Und dieser verkauft den Leuten auch keine unbrauchbaren Bananenschäler. Er nimmt einfach das Geld und damit hat es sich. Da weiß jeder sofort, was er nicht mehr hat. Und weil der wohlhabende Juwelier versichert ist, kommt er nicht wirklich zu Schaden. Selbst die Versicherungen profitieren. Der fleißige Dieb sorgt für regen Zulauf neuer Kundschaft und die Versicherungsprodukte vermarkten sich dadurch praktisch von selbst. Soweit wäre also alles in Ordnung. Aber kann es Archibald verantworten, dass unschuldige Personen verhaftet werden? Mehr als das! Er würde ihnen sogar einen Gefallen erweisen. In seiner Stadt gibt es genug Touristen, die keine Unterkunft finden, weil die Hotels dauernd überfüllt sind. Er könnte also die erstbeste Parkbank ansteuern, den darauf schlafenden japanischen Gast aufwecken und mit ihm ein Geschäft abschließen. Archibald verdächtigt ihn des Diebstahls und er erhält dafür ein halbes Jahr Vollpension in einem Gefängnis an bester Lage. Archibald findet beim besten Willen kein Haar in der Suppe. Sollte er noch Kommissar Steinbrech um Rat fragen, bevor er auf das Angebot eingeht? Er könnte dann gleich ein Zimmer bei ihm reservieren.

Guten Gewissens steht Archibald am vereinbarten Tag vor dem Schaufenster des Juwelierladens Goldmann. Der Dieb vollbringt die Tat und entkommt. Diesmal packt Archibald gleich am Tatort aus: „Ich habe ein Foto gemacht. Sie können es gerne haben." Er drückt Kommissar Steinbrech das Bild in die Hand. Bereits nach wenigen Stunden sitzt der abgebildete Tourist in einem Einzelzimmer im Trockenen und der Fall ist in Rekordzeit vorläufig abgeschlossen. Von nun an verzichtet Archibald auf Fotografien und nimmt stattdessen gleich den zu verhaftenden Tatverdächtigen mit, damit ihn die Polizei nicht mühsam suchen muss. Jeder profitiert auf seine Art. Die Juweliere werden ihre Waren los. Die Touristen genießen die ihnen entgegengebrachte Gastfreundschaft. Der Dieb braucht sich nicht mehr zu verstecken. Demnächst dreht das Fernsehen eine Reportage über ihn. Archibald hat inzwischen eine Firma gegründet und verfügt über ein stattliches Vermögen. Nebst dem Begleitservice für Juwelendiebe bietet er Juwelieren, die überfallen werden möchten, Beratungen an. Am Tatort verkaufen seine Angestellten den Passanten Bier und Würstchen. Archibald erweitert sein Geschäftsmodell stetig und äußerst erfolgreich. Als Nächstes erwägt er, Eintritt für die Inszenierungen der Überfälle zu verlangen und den Zuschauern Sitzplätze anzubieten. In naher Zukunft will er zuerst ins angrenzende Ausland expandieren und danach die ganze Welt erobern. Man munkelt, dass ihm der internationale Dachverband zur Würdigung erfolgreicher Nischenunternehmer den Innovationspreis für die eigenwilligste Geschäftsidee des Jahres verleihen werde.

Ist dies nicht eine wundersame Geschichte, werte Leserin, werter Leser? Ich bin fast ein wenig zu Tränen gerührt. Falls Sie nun vorhaben, Ihre eigene Bilderbuchkarriere in Angriff zu nehmen, kann ich das verstehen. Doch ich muss Sie gleichzeitig warnen. Von einer Nachahmung Archibalds rate ich Ihnen dringend ab. Denn wir wissen beide, dass dies nur eine erfundene Geschichte ist und nichts mit der Wirklichkeit zu tun hat.

✯

Oh! Im Fernsehen läuft die Direktübertragung des heutigen Juwelenraubs von Archibalds Kompagnon. Beinah hätte ich die Reportage verpasst. Wozu trage ich wichtige Termine im Kalender ein, wenn ich sie dennoch vergesse? Jetzt muss ich mich konzentrieren. Ich werde immer furchtbar vom Zusehen abgelenkt, wenn ich nebenher Geschichten schreibe. Archibald steht bereits teilnahmslos vor dem Schaufenster des Juwelierladens. Hinter ihm klauben zwei flinke Hände die kostbaren Schätze zwischen der Dekoration zusammen, bis nichts mehr davon übrig bleibt. Ist das spannend! Der Mann mit der Nase im Gesicht springt zur Tür heraus, direkt in die offenen Arme des auf ihn wartenden Kommissars. Er winkt in die Kamera und fragt den Kommissar, warum er für das Interview kein Mikrofon bei sich trägt. Erst als die Handschellen zuschnappen, realisiert der Dieb, dass er nicht mit dem Reporter spricht. Von Archibalds Vereinbarung mit dem Kommissar wird er nie etwas erfahren. Aber Ihnen kann ich getrost verraten, dass die beiden vor einiger Zeit ein vertrauliches Gespräch unter Ausschluss der Öffentlichkeit geführt haben. Ich bin mir sicher, Sie sind mindestens so verschwiegen wie ich und werden es ebenfalls niemandem weitererzählen.

Oh Gummibaum

Einmal die Woche empfängt mich meine Lebensberaterin zu einer Audienz. Sie genießt inzwischen mein vollstes Vertrauen und ich weiß nicht, was ich ohne sie tun würde. Ich denke, ich wäre nicht mehr überlebensfähig. Natürlich hat die professionelle Begleitung auf dem Weg zum eigenen Glück einen respektablen Preis. Doch es lohnt sich, nicht zuletzt auch für mich. Mein Einkommen ist deutlich angestiegen, denn ich habe einen zweiten Job angenommen, damit ich meiner Mentorin ihr wohlverdientes Honorar entrichten kann. Bei den Ausgaben fehlt mir zurzeit der Überblick. Mein Kopfrechner versagt bei zu hohen Beträgen. In der nächsten Sitzung werde ich meine Lehrmeisterin darauf ansprechen. Sie wird mir bestimmt weiterhelfen. Im Grunde genommen kann ich jedem, der noch keine Probleme hat, eine Beratungstherapie bedingungslos weiterempfehlen. Die Behandlung beginnt in der Regel mit einer Psychoanalyse und endet nie wieder. Man geht also eine lebenslange Beziehung ein, ist nie mehr allein und verhilft seinerseits einem liebgewonnenen Menschen zu seinem persönlichen Erfolg. Gibt es etwas Schöneres, als Freunde glücklich zu machen?

☆

Meine Lebensberaterin wendete zur Erörterung meines psychodramatischen Zustands eine ziemlich unkonventionelle Methode an, was unverkennbar den erfahrenen Profi in ihr durchblicken ließ. „Zeige mir deinen Gummibaum und ich sage dir, wer du bist!", forderte sie mich bei unserem ersten Treffen auf. Ich lachte sie erst einmal herzhaft aus. Damit hatte sie das Eis bei mir gebrochen. Weil ich von Natur aus neugierig bin, lud ich sie zu mir nach Hause ein, um ihr meinen Gummibaum vorzustellen und war sehr gespannt darauf, was dieser über mich preisgeben würde. Sie besuchte mich noch am selben Tag. Man soll schließlich nichts anbrennen lassen. Wir setzten uns aufs Sofa, tranken zusammen eine Tasse Tee und betrachteten meine Pflanzenecke. „Du bist ein Pflanzenfreund", eröffnete sie die Diagnose und landete damit gleich den ersten Treffer. Allerdings war das ziemlich einfach herzuleiten, denn wäre ich kein Pflanzenfreund, hätte ich bestimmt keinen Gummibaum im Wohnzimmer aufgestellt. Ihre zweite Aussage fand ich umso bemerkenswerter: „Das Wohlergehen deiner Mitmenschen ist dir ebenso wichtig wie dein eigenes." Immerhin konnte ich auch diese Schlussfolgerung gedanklich einigermaßen nachvollziehen. Meinen Pflanzen ging es gut, also kümmerte sich jemand um sie. Das wiederum musste ich gewesen sein. Deshalb darf man annehmen, dass ich mich gegenüber den Mitmenschen ebenfalls zuvorkommend verhalte. Indes könnte sie zu dieser Erkenntnis durchaus ohne Zuhilfenahme des Gummibaums gekommen sein. Schließlich benahm ich mich ihr gegenüber genauso rücksichtsvoll. Doch jetzt kam sie in Fahrt und räumte meine letzten Zweifel über die Seriosität ihrer Psychobaumanalyse vollumfänglich aus. „Du liebst die Geselligkeit und schätzt die Nähe zu deinen Freunden", fuhr sie fort und lag damit wiederum völlig richtig. „Woran erkennst du das?", fragte ich sie. „Du hast all deine Pflanzen um den Gummibaum versammelt, sodass sie eine schöne Gemeinschaft bilden." „Großartig, wie du das machst!", rief ich begeistert und wollte mehr über mich erfahren. „Manchmal bist du ziemlich ungestüm und kommst Menschen, die du noch gar nicht wirklich kennst, ein wenig zu nahe", meinte sie. „Wie kommst du denn darauf?", fragte ich erstaunt. Sie blickte auf ihr rechtes Bein und anschließend ganz tief in meine Augen. „Oh, Entschuldigung! Das habe ich gar nicht bemerkt." Beschämt nahm ich meine Hand von ihrem Knie. Nachdem das geklärt war, fuhr sie fort: „Der Stamm wächst kräftig und kerzengerade in die Höhe. Demnach scheinst du ein aufrichtiger Mensch zu sein. Die Blätter hingegen verraten mir, dass du ein Nachtschwärmer bist. Du arbeitest wohl oft bis tief in die Nacht hinein und schläfst dann mindestens bis zum frühen Nachmittag durch wie ein Stein. Wärst du ein Morgenmensch, stünde das Laub viel dichter und buschiger, weil es mehr Licht abbekäme. Die Blätter sind außerdem schlank und makellos. Du düngst also deine Pflanzen behutsam und ausgewogen, was wiederum bedeutet, dass du Wert legst auf eine gesunde Ernährung." Ich äußerte ihr meinen tiefen Respekt. „Ich bewundere dich! Mit der Ausnahme, dass ich nachts manchmal Wichtigeres vorhabe als zu arbeiten, liegst du bis jetzt absolut richtig und dass du mit deiner Methode bis in meine Speiseröhre hinabblicken kannst, übertrifft all meine Erwartungen." Sie war nun nicht mehr zu bremsen. „Du machst mindestens zweimal die Woche die Wohnung sauber, gehst täglich unter die Dusche und dein Rasierwasser riecht atemberaubend", fuhr sie fort. „Das erkenne ich daran, dass deine Pflänzchen wunderbar glänzen, weil kein einziges Staubkorn an ihnen haftet. Vor etwa zwei Jahren erlebtest du eine schwierige Zeit. Wahrscheinlich wurdest du von Liebeskummer gequält. Habe ich recht?" Ich war verblüfft. Wie hatte sie das herausgefunden? Sie sah mir die Frage an und lieferte die Antwort gleich nach. „Am Stamm fehlen auf einer Wachstumsperiode von gut einem halben Jahr die Zweige. Das deutet auf eine ebenso lange Dürreperiode hin, während der du dich und deinen Gummibaum sträflich vernachlässigt hast. Außerdem sehe ich am Stamm eine vernarbte Stelle. Dort

war einst mit ziemlicher Sicherheit ein Herz einge-
ritzt und darin die Initialen ‚A‘ wie Adelheid und
‚O‘ wie Oskar.“ Diese Ausdeutung fand ich in der
Tat extrem spitzfindig. Vermutlich hatte sie selbst
einen Gummibaum mit spitzen Blättern bei sich zu
Hause stehen. Ich sah wohl eine verkorkte Stelle
auf der Rinde, ansonsten war aber nichts weiter zu
erkennen. Was die Meisterin des Spurenlesens
aufdeckte, grenzte an Hellseherei. Ich musste sie
jetzt dringend ablenken, bevor sie noch tiefer in
meine Intimsphäre eintauchte, und ging in die
Offensive. „Schön! Weißt du was? Ich werde nun
auch ein paar Dinge über dich erzählen. Ich kann
nämlich von deinen Lippen lesen.“ Sie war überrascht und wollte unbedingt erfahren, was ich zu
berichten hatte. „Du bist anderen gegenüber positiv eingestellt. Das erkenne ich daran, dass die
sichtbaren Ausstülpungen deines Sprachorgans
nur gut gemeinte Worte nach außen durchdringen
lassen.“ Ich sah ihr an, dass ich sie mit dieser Fest-
stellung beeindruckte. Also fuhr ich fort und legte
noch ein wenig zu. „Du bist sehr empfindsam.
Deine Lippen haben sofort gezuckt, als sie den viel
zu heißen Tee berührten. Außerdem bist du selbstbewusst und gibst dich gerne natürlich. Das weiß
ich, weil du keinen Lippenstift benutzt. Das ver-
führerische Zartrosa deiner Lippen ist echt und
ich könnte schwören, dass sich die Männer darum
reißen, von dir geküsst zu werden.“ Damit brachte

ich meine Lebensberaterin zum Lachen und sie fühlte sich geschmeichelt. Jetzt hatte ich das Eis bei ihr gebrochen. „Was kannst du denn sonst noch von meinen Lippen lesen?", fragte sie mich herausfordernd. „Nun, ich erkenne an ihnen deine wahren inneren Werte und was ich sehe, gefällt mir gut. Lebensfroh und ungebändigt strahlen sie mir entgegen und lassen dich noch schöner erscheinen, obwohl du ja bereits von Kopf bis Fuß äußerst attraktiv bist. Meine Hand hat sich schon wieder spontan verselbständigt und ist ihrem sehnlichen Wunsch gefolgt, sich auf dein Knie zu legen. Aber keine Angst, ich konnte sie in letzter Sekunde noch zurückhalten." Wiederum schaute sie mir tief in die Augen. „Du bist wirklich gut!", meinte sie anerkennend. „Wenn du willst, kannst du morgen in meiner Praxis anfangen." „Möchtest du noch eine Tasse Tee?", fragte ich und sie erwiderte: „Ja gerne, aber diesmal nicht zu heiß, bitte." „Auch aus Tee kann man lesen", überlegte ich laut. „Man muss ihn nur zu deuten wissen. Ich komme ein anderes Mal darauf zurück."

✩

Eingangs habe ich erwähnt, dass ich meine Lebensberaterin danach fragen muss, wie ich mein in Schieflage geratenes Budget wieder ins rechte Lot bringen kann. Auch sie dürfte an der Genesung meiner Kaufkraft interessiert sein, denn ohne finanzielles Polster wird nichts aus der lebenslänglichen Therapie. Jetzt, wo ich über unsere allererste Sitzung nachdenke, fällt mir auf, dass mir meine Lebensberaterin bereits damals die ultimative Lösung vorgeschlagen hatte. Wohlgemerkt zu einem Zeitpunkt, wo das Problem noch gar nicht bestand. Wie konnte sie bloß die Entwicklung der Dinge vorausahnen? Jedenfalls unterbreitete sie mir ein bestechendes Angebot. „Wenn du willst, kannst du morgen in meiner Praxis anfangen", sagte sie verheißungsvoll zu mir. Ich denke, ich nehme sie beim Wort. Am besten rufe ich sie gleich an und teile ihr mit, dass ich also morgen bei ihr einsteigen werde.

Meine Nerven flattern im Wind, wenn ich an Morgen denke. Ich bin aufgeregt wie ein kleines Kind, das sich auf Weihnachten freut. Ich werde heute Nacht während der Geburtstagsparty meiner Nachbarin an nichts anderes denken können. Bestimmt wartet meine Lebensberaterin bereits ungeduldig vor der Tür, bis ich endlich eintreffe. Wie heißt sie eigentlich mit Vornamen? Ich muss sie unbedingt nochmals fragen. Ich glaube, ich werde ihr nie erzählen, dass der Gummibaum, dem sie die vielen Geheimnisse über mich entlockte, einem guten, alten Bekannten von mir gehört. Oskar und seine liebe Freundin Adelheid haben mir netterweise ihre schöne Pflanzensammlung ausgeliehen. Umso mehr bin ich erstaunt über die unglaublichen Fähigkeiten meiner Geschäftspartnerin. Ich habe keine Ahnung, wie sie mich durchschaut hat. Wüsste ich es nicht besser, so müsste ich annehmen, das Gummibäumchen bestehe aus verzaubertem Kristallglas. Aber wir lernen uns ja gerade erst richtig kennen, meine Lebensberaterin und ich.

Das krötensichere Börsenbarometer

Gestern hat mich mein Börsenmakler kontaktiert und mir eindringlich geraten, ihm mein ganzes Geld anzuvertrauen. Streng genommen ist er nicht mein Makler, denn ich habe ihn weder engagiert noch habe ich ihn dazu aufgemuntert, mich anzurufen. Ich kenne ihn überhaupt nicht. Durchs Telefon lockte er mir die Silberlinge aus der Tasche, indem er mir die einmalige Gelegenheit zur Erzielung exorbitanter Gewinne schmackhaft machte. Das versuchte er jetzt schon zum dritten Mal. Wie er mich das erste Mal bearbeitete, wurde ich schwach bei dem Gedanken, dass fortan meine bescheidenen Reserven unter den Fittichen eines Finanzprofis für mich arbeiten gingen und sich dabei rasant vermehren würden, sodass ich mich schon bald aus dem fruchtlosen Berufsleben ins private Schlaraffenland zurückziehen könnte. Die hundertprozentige Aussicht auf den ultimativen Gewinn liege genau vor meinen Füßen, schwor mir der Unbekannte am anderen Ende der Leitung hoch und heilig beim Bart seines Urgroßvaters. Von seinen Ausführungen hatte ich nur so viel verstanden, dass er der Experte ist und ich der Auserwählte. Mir leuchtete ein, dass jeder Mensch mit gesundem Verstand ein

Angebot wie dieses ohne Zögern dankend annehmen würde.

Mein angesprochenes Selbstbewusstsein wollte natürlich nicht als Dummkopf in die Annalen eingehen, weil es im entscheidenden Moment die Chance seines Lebens verpasste, und hätte um ein Haar zugesagt. Allein mein Bauchgefühl brach nicht in Euphorie aus. Es vermeldete schlicht keinen Appetit. „Tu das nicht!", warnte es mich eindringlich. Somit scheiterten alle Überzeugungskünste des Maklers, mochte er noch so zwischen den Zeilen meine Undankbarkeit und grenzenlose Naivität anprangern und mir zu spüren geben, wie sehr er hasenfüßige Feiglinge wie mich verachtete. Auch die Tränen, die er versprühte, weil ich seine grenzenlose Großzügigkeit kaltblütig in den Wind schlug, halfen nichts. Erst recht ließ ich mich nicht durch den melodramatisch inszenierten Nervenzusammenbruch umstimmen. Vier Wochen später war die große Börsenkrise da. Die Aktienkurse landeten tief unten auf dem steinigen Grund des versiegten Brunnens. Die Investitionen der Kleinanleger lösten sich im virtuellen Vakuum in nichts auf. Andere hatten mehr Glück. Sie waren gerade noch rechtzeitig abgesprungen, sonst hätte es sie ebenfalls eiskalt erwischt. Ich habe gehört, sie hätten gar zweifaches Glück gehabt, denn dabei sollen sie nebenbei noch rasch ein Trost spendendes Bündel Taschengeld erzielt haben. Nachdem der Brunnen wieder gefüllt und genügend Gras über den kleinen Zwischenfall gewachsen war, begann das Spiel von vorne. Der nächste Systemkollaps ereignete sich prompt ein paar Wochen nach dem zweiten Anruf meines treuen Freundes.

Wenn Sie also davon hören, dass sich mein Börsenmakler an die Bürger mit dem bescheidenen Budget wendet und ihnen anrät, ihr Hab und Gut gegen mehr oder weniger strukturierte Produkte und ähnlich bombensichere Risikoanlagen zu tauschen, dann seien Sie auf der Hut. Falls Sie bereits in das Fettnäpfchen getappt sind und voll Zuversicht ihr gesamtes Vermögen investiert haben, verkaufen Sie alles so schnell wie möglich. Der richtige Zeitpunkt dazu ist soeben gekommen. Denn wenn sich ein Börsenhai plötzlich von Kleingeld ernährt, ist das ein untrügliches Zeichen dafür, dass die nächste Krise vor der Tür steht.

Danke, Ruprecht

Da arbeite ich nun seit zwanzig Jahren für meine geliebte Firma und schon werde ich geehrt. Ruprecht, die rechte Hand des Knechts vom Sekretär meines Vorgesetzten, gratuliert mir höchstpersönlich zum Jubiläum. Er lobt meine wertvollen Verdienste, überreicht mir einen Blumenstrauß und versetzt mir mit der Faust einen Hieb in die Magengrube. Zum Dank für die erbrachten Leistungen werde ich heute noch nicht zum Fenster hinausgeworfen. Als besonderes Zeichen der Wertschätzung entlastet mich Ruprecht von der schweren Verantwortung, damit ich mich voll und ganz auf eine neue Herausforderung konzentrieren kann. Ich werde nämlich befördert. Weit weg, hinunter ins Kellerabteil.

✫

Verantwortungslos stehe ich am nächsten Morgen im Keller und warte auf Arbeit. Der Kellermeister taucht kurz auf und teilt mir mit, dass er mir sofort eine Sitzgelegenheit besorgen wird, sobald irgendwo ein abgewetzter Stuhl frei werden sollte. Leider ist er gleich wieder verschwunden und ich kann ihn nicht mehr fragen, wo hier der Lichtschalter ist. Morgen werde ich eine Kerze mitnehmen. Soweit ich im Halbdunkel erkennen kann, ist mein neuer Schreibtisch schlicht und modern gestaltet.

Die rohe Spanplatte liegt bündig auf zwei robusten Holzböcken auf. „Dieser Tisch wackelt bestimmt nicht", denke ich zuversichtlich. Ich hätte jetzt zum Telefonhörer gegriffen und meinem Vorgesetzten mitgeteilt, dass ich gerade Zeit hätte, etwas Sinnvolles zu tun. Zum Beispiel seine Bleistifte zu spitzen oder einen Kuchen für ihn zu backen. Leider finde ich den Telefonhörer nirgends. Womöglich ist gar keiner zugegen. Oder ich kann ihn nicht sehen, weil es zu dunkel ist. Also warte ich, bis irgendwann das Telefon von selbst klingelt, sodass ich mich dann zum Hörer herantasten kann. Die Minuten verstreichen. Ich bin ein geduldiger Mensch. Nach einer Stunde brauche ich eine kurze Verschnaufpause. Während ich mich entspanne, quietscht etwas. Es ist nicht das Telefon. Die Laute stammen von einer schnuckeligen Ratte, die sich in mein Hosenbein verirrt hat und verzweifelt nach dem Ausgang sucht. Auch Telefone können heute quietschen. Die einen imitieren eine Maus, andere vollziehen eine Vollbremsung. Diejenigen, die nicht quietschen, rasseln vielleicht. Andere wiederum hupen. Ich frage mich allmählich, warum mich mein Vorgesetzter nicht anruft. Ob er mir noch übel nimmt, dass ich ihn neulich in flagranti dabei ertappte, wie er mir klammheimlich meine Büroklammern gemopst hat? Ich wollte ja wegsehen, aber es ging nicht. Vermutlich denkt er schon lange nicht mehr daran. Bestimmt hat er verschlafen oder liegt krank daheim im Bett. Ich ziehe mein Handy aus der Hosentasche und überlege mir, ob ich ihn damit anrufen soll. Da fällt mir ein, dass ich gestern seine Nummer aus dem Speicher gelöscht habe. Wie ungeschickt von mir! Um festzustellen, ob ich hier unten überhaupt Empfang habe, rufe ich meine Tante an und erkundige mich nach dem aktuellen Wetter. Kronprinz Alfred habe um die Hand von Gräfin Juanita angehalten, berichtet sie mir. Die beiden seien ein perfektes Traumpaar, aber Königin Elfriede habe damit gedroht, ihren erstgeborenen Sohn als Thronfolger abzuerkennen, falls die beiden gegen ihren Willen heiraten sollten. Für die Königin sei es absolut inakzeptabel, dass ihr Enkelkind womöglich als untrügliches Merkmal seiner hälftigen Abstammung dereinst die Ohren von seiner Mutter erben könnte. Man vermute, dass die Königin dies als Vorwand benutzt, um den wahren Grund zu verheimlichen. Denn es gäbe an den Ohren von Juanita überhaupt nichts auszusetzen. Juanita wolle ihrem geliebten Alfred die Entehrung nicht zumuten und habe ihm deshalb einen Korb verpasst. Rhabarber, Rhabarber. Ich lege auf. Vielleicht stürmt es draußen. Habe ich ein Glück, dass ich mir das nicht ansehen muss! Wo bin ich bloß bei meiner Arbeit stehen geblieben? Ah ja, ich war gerade mit den Klingeltönen beschäftigt. Die meisten sind nicht besonders originell, finde ich. Sie blubbern oder prusten und mit Klingeln im ursprünglichen Sinn haben sie längst nichts mehr gemein. Ich drücke den Aufnahmeknopf meines Handys und pfeife ein paar disharmonische Töne vor mich hin. Die Wiedergabe klingt interessant. Für eine weitere Aufzeichnung huste ich einige Mal ins Mikrofon. Auch das hört sich vielversprechend an. Ich halte noch ein geistreiches „Hallo, ist da jemand? Hallo!!!" fest und verbinde mich dann mit dem Internet, woraufhin ich die drei Werke bei oh.klingeling.oje hochlade. Dort biete ich sie für den Preis von einem halben Silberling zum Herunterladen an. Ich habe Hunger. Inzwischen ist schon Mittag. Wie die Zeit verstreicht! Ich greife in die Aktentasche und hole mein Sandwich heraus. Wie ich es zum Mund hinführe, quietscht es. Beinah hätte ich Egon, der schnuckeligen Ratte aus meinem Hosenbein, den Kopf abgebissen. Der Tausendsassa hat sich an meinem Mittagessen vergriffen und sich damit den Bauch vollgeschlagen. Immerhin hat er die Hälfte für mich übrig gelassen. Irgendwie ist mir inzwischen der Appetit vergangen. Ich lege mich lieber ein wenig auf meiner Spanplatte hin. Während ich mich von den Strapazen des anstrengenden Morgens erhole, nicke ich ein.

Um fünf Uhr nachmittags wache ich wieder auf. Es ist immer noch stockdunkel. Ich surfe kurz bei oh.klingeling.oje vorbei. Mein Husten wurde inzwischen fünfzigtausend Mal heruntergeladen, die anderen beiden Werke je fünfzehntausend Mal. Somit beträgt mein Kontostand nach fünf Stunden vierzigtausend Silberlinge. Ich bin entzückt. Wenn das so weitergeht, kaufe ich in zwei Wochen die Firma. Nie im Leben hätte ich erwartet, dass mein Vorgesetzter in Wirklichkeit beabsichtigt, mich in eine derart komfortable Lage zu versetzen. Ich denke, ich überlasse ihm als Zeichen der Anerkennung mein neues Büro und backe ihm einen großen Kuchen. Irgendwo aus der Dunkelheit taucht Ruprecht auf und fragt nach, ob er mir einen Schlag auf den Hinterkopf verpassen soll. „Verschwinde, ich muss arbeiten!", bedanke ich mich herzhaft. „Arbeiten, verstehst du? Aber erst morgen wieder! Jetzt muss ich mich um wichtigere Dinge kümmern! Und putz dir bitte in Zukunft die Nase, bevor du mit jemandem sprichst. Sie tropft. Was sollen die Leute über uns denken?" Irritiert sieht er mich an und zieht Leine. Ich habe das Gespräch in voller Länge aufgezeichnet. Morgen stelle ich es ins weltweite Netz zu den anderen Klingeltönen, zusammen mit dem Ploppen einer platzenden Kaugummiblase, dem Brummen meines knurrenden Magens und dem Quietschen von Egon. Außerdem nehme ich einen alten Eimer und einen kaputten Regenschirm zur Arbeit mit für den Fall, dass mein Vorgesetzter immer noch krank im Bett liegen sollte. Dann frage ich den Kellermeister, ob er mir sein Werkzeug ausleiht, und bastle mir ein Megaphon. Das werde ich dann solange benutzen, bis vielleicht irgendwann mein Telefon installiert wird. Die beiden Sandwiches darf ich auch nicht vergessen. Eins für Egon und eins für mich. Es geht nichts über eine gute Planung. Höchstens mein Konto könnte mir noch einen Strich durch die Rechnung ziehen, falls es mich morgen dazu überreden sollte, doch lieber spazieren zu gehen.

Überraschung!

Eigentlich komme ich in der Nacht auch ohne Albträume gut zurecht. Im Prinzip können sie mir sogar gestohlen bleiben. Ich fühle mich blendend ohne sie. Den Albträumen ist das einerlei. Sie suchen mich trotzdem heim, wenn ihnen danach ist. Mit einem simplen Trick werde ich sie schnell wieder los. Ich wache auf. Nur selten sind sie dermaßen grauenvoll, dass ich vor Schreck vergesse, die Augen zu öffnen. Dann muss ich mir den Unsinn bis zum Schluss ansehen. So wie gestern. Entspannt schlief ich ein, um von einem ausgiebigen Frühstück zu träumen. Auf gute Neuigkeiten eingestellt sortierte ich nebenbei die Morgenpost. Unter den Briefen befand sich eine Rechnung vom Amt des königlichen Schatzkammerdieners. Mir wurde schwindlig. Mit zittrigen Händen öffnete ich das Kuvert. Fassungslos klebte ich auf dem Stuhl, als ich die schockierende Mitteilung las:

Allgemeingutsteuer 358115A: drei Millionen Kubikmeter Atemluft für die Periode Januar bis Dezember. Total viertausend Silberlinge zuzüglich fünfzig Prozent CO_2-Abgaben. Bitte überweisen Sie uns den Betrag innerhalb der nächsten zehn Tage. Bei nicht fristgerechter Begleichung sehen wir uns leider dazu veranlasst, Ihnen solange die

Luft abzudrehen, bis Sie das Versäumnis nachgeholt haben. Angenehme Träume!

Königliches Schatzkammeramt
Abteilung Kreativität

✩

Mir stockte der Atem. Ich hatte das Gefühl, als hätte man mir bereits im Voraus die Luft entzogen und benötigte dringend eine eiskalte Dusche. Das Wasser verdampfte, als es den Kragen des Pyjamas erreichte. Das Tuch zum Abtrocknen konnte ich getrost hängen lassen. Schnell hatte sich der letzte Tropfen von selbst in Luft aufgelöst. Das Blut in meinen Adern kochte noch immer. Aufgebracht griff ich in den Vogelkäfig. Ich entsandte eine Brieftaube an meinen Vorgesetzten mit der Botschaft, dass ich heute später zur Arbeit käme, da ich noch eine dringende Angelegenheit zu erledigen hätte. Ich zwängte mich in die Ritterrüstung und machte mich klappernd und quietschend auf den Weg zur königlichen Schatzkammer. Die Turmuhr schlug acht Uhr, als ich mit geschlossenem Visier bis an die Zähne mit Wurftomaten und Kartoffelknödeln bewaffnet in die Höhle des Löwen eindrang. Es lag ein betörender Kaffeeduft in der Luft. Ich betrat das erstbeste Büro und fragte einen Brötchen vertilgenden Kammerdiener nach dem Weg zu den Räumlichkeiten der kreativen

Sondereinheit. Der Kammerdiener gurgelte mit vollem Mund: „ditte Phtock, pheite Buo ephte Pheite." In Büro zwei des dritten Stocks rechts gratulierte man mir zur originellen Verkleidung. Die Belegschaft wollte von mir wissen, wer heute Geburtstag feiere und wo die Party stattfände. Sie kämen nach der Kaffeerunde auf einen Sprung vorbei, um dem Geburtstagskind zu gratulieren. Aber nur für ein bis zwei Stunden, denn sie hätten noch zu tun. Für mein Anliegen konnte sich leider niemand erwärmen. Ich befand mich in der falschen Abteilung. Der Kammerdiener hatte sich offenbar im Stockwerk vertan. Man verwies mich eine Etage höher. Also ging ich nach oben und verirrte mich ins Personalbüro. Dem Personal des Personalbüros erschien meine leicht angerostete Bekleidung suspekt. Bevor ich das Wort ergreifen konnte, teilte mir der leitende Angestellte mit, dass sie momentan keine offenen Stellen zu vergeben hätten. Ich solle bitte in zwanzig Jahren noch einmal wiederkommen. Entschlossen setzte ich die Suche auf eigene Faust fort. Nach fünfzehn Kaffeekränzchen und zwei vollen Umdrehungen des Stundenzeigers erreichte ich endlich das Ziel. Ohne anzuklopfen riss ich die Türe auf und eilte hinter den Schalter zum reich gedeckten Buffet, wo vier Bürolisten soeben ihre Pause verbrachten und sich um ihr leibliches Wohl kümmerten. Um mir Respekt zu verschaffen, klingelte ich beim erstbesten, erstaunlich hageren Beamten an der Krawatte und fütterte ihn mit der Rechnung. Verärgert ließ ich meinem Unmut freien Lauf. „Was soll dieser Scherz? Es ist noch nicht April! Stecken Sie sich ihre Luft an den Hut! Ich bezahle keinen Silberling!" Mit Bürolisten darf man nicht zimperlich umgehen. Nur so bringst du sie dazu, dass sie dich eiskalt abfertigen. Der Papier kauende Angestellte hatte Erfahrung im Umgang mit hoffnungslosen Fällen. Seelenruhig tupfte er sich mit dem zerknitterten Brief die Mundwinkel ab, bevor er den Fetzen sorgfältig auseinanderfaltete und gemächlich die Lesebrille aufsetzte. „Drei Millionen Kubikmeter Atemluft", rezitierte er beinah feierlich, gerade so, als läse er Goethes Faust. Er forderte mich auf, ihm laut und deutlich nachzusprechen. Ich verspürte keine Lust dazu. „Ich kenne den Wortlaut", unterbrach ich ihn. „Erklären sie mir lieber, woher Sie sich das Recht nehmen, jetzt auch noch auf Luft Gebühren zu erheben." „Haben sie ausgefallene Hobbys?", begann mich der Beamte auszufragen. „Treiben Sie während ihrer Freizeit Sport oder sind sie Aktivmitglied eines Gesangsvereins?" Gegenfragen sind auch eine Antwort. Ich erkannte seine Absichten. Der schlaue Fuchs wollte mir einen Mehrverbrauch an Atemluft unterschieben. Ich reagierte mit einem Lachanfall. „Aha! Der rostige Ritter entpuppt sich als Spaßvogel", stellte der Hagere trocken fest. „Laut Statistik verbraucht ein fröhlicher Mensch mehr Luft und fällt damit in eine höhere Steuerklasse." Mein Adrenalinpegel sank gegen den Nullpunkt. „Meine Klimaanlage im Büro ist schon lange defekt", rief ich reflexartig. „Ich lebe einzig vom Sauerstoff meines Philodendrons. Auf dem Weg in die Firma halte ich mir unentwegt Nase und Mund zu und während der Arbeit bewege ich mich überhaupt nicht. Meine Familie lebt den ganzen Tag hinter geschlossenen Fenstern und Türen. Außerdem atmet meine Katze seit ihrer letzten Operation nur noch mit einem Lungenflügel. Sie fragten nach meinen Hobbys? Bitte sehr! Ich erzähle Ihnen gerne mehr darüber. Ich tauche jeden Abend kreuz und quer durch meine Badewanne und suche in den unendlichen Tiefen nach auserlesenen Perlen des Humors. Dabei halte ich stundenlang die Luft an. Sehen Sie, so!" Ich hauchte ihm meinen letzten Sauerstoffvorrat ins Gesicht und stellte demonstrativ die Atmung ein. Der Hagere sah mich entgeistert an. Seine Arbeitskollegen hatten die Nahrungsaufnahme vorübergehend eingestellt. Gebannt warteten sie darauf, was als Nächstes passierte. Der Raum drehte sich vor meinen Augen langsam im Kreis und mit ihm die entsetzten Blicke und offenen Mäuler der konsternierten Mannschaft. Durch das Scharnier des Helms erkannte ich im spiegelnden Silbergeschirr noch schwach mein blau angelaufenes Gesicht. Als Letztes registrierte ich auf-

kommende Panik. Man gewährte mir in Windeseile einen befristeten Rabatt. Das Angebot kam zu
spät. Ich war bereits in Ohnmacht gefallen. Offenbar behandelte man mich während meiner geistigen Abwesenheit sehr zuvorkommend. Die Fle-
cken auf meinem Hemd zeugten vom Versuch, mir
Kaffee einzuflößen. Ich wurde gar mit der Ambulanz ins Spital überwiesen. Man will schließlich
nicht seine zahlende Kundschaft verlieren.

Als ich mich wieder erholt hatte, kündigte ich umgehend sämtliche Verträge. Ich verkaufte alles,
was ich besaß, und bezahlte ohne aufzubegehren
die fälligen Vertragsauflösungsgebühren sowie die
Herstellungskostenbeteiligung für das entgegen-
genommene Bargeld. Sie haben richtig gelesen.
Silberlinge wachsen nicht auf den Bäumen. Sie
müssen gestanzt werden. Das verursacht abwälz-
bare Unkosten. Ich erstand eine Mehrwertsteuer
inklusive Heißluftballon, beglich unverzüglich die
vorgezogene Abgabe für die Sanierung abgenutz-
ter Flugräume, kündigte meine Wohnung, kaufte
mir beim Amt die dazu erforderliche Haushaltauf-
lösungsbestätigung und warf den Rest des Geldes
zum Fenster hinaus. Das durfte man damals noch
kostenlos. Ich stieg mit Familie samt Katze husch
ins Körbchen und übersiedelte in die Stratosphäre.
Wir aßen und tranken nichts und hielten unent-

wegt die Luft an. Am zweiten Tag überbrachte uns eine Brieftaube die Rechnung über aufgelaufene Gebühren für die Benutzung des Tageslichts über öffentlichem Gelände. Wir warfen die Katze und den übrigen Ballast über Bord und drifteten in Richtung Mond ab. Als wir dort ankamen, erwarteten uns zwei Astronauten im Briefträgeranzug. Der eine hielt ein Kuvert für mich in der Hand…

Zum ersten Mal seit meiner Geburt war ich froh darüber, dass endlich der Wecker klingelte.

Garantie mit beschränkter Haftung

Man bedenke, dass auch nur ein einziges Mal Lotto spielen die Gewinnchance sprunghaft ansteigen lässt. Die Wahrscheinlichkeit, den Haupttreffer zu landen, steigt sofort von null auf unendlich. Der Mathematikprofessor verleugnet diese Tatsache, weil er relativ theoretisch denkend zum Schluss kommt, dass man beim Vergleich die mathematische Todsünde begeht, durch null zu dividieren. Dass dem nicht so ist, beweist ein pragmatisch denkender Dummkopf, dessen Name hier keine Rolle spielt. Zur Lösung des Problems genügt es, den Definitionsraum der Spielenden zu erweitern auf die Menge aller Lottospieler. Diese Menge ist nämlich viel größer als ich. Nach dem Massenanziehungsgesetz wird ihre Masse den begehrten Jackpot unweigerlich anziehen. Ist der Topf nahe genug, wird ihn einer der Spieler ergreifen und in die eigene Tasche stecken. Dabei ist derjenige mit den längsten Armen nur scheinbar im Vorteil, denn je länger die Arme sind, desto länger dauert die Reaktionszeit. Die Bedingungen sind also für alle gleichermaßen fair. Man beziehe nun den Hauch einer Möglichkeit in die Betrachtung mit ein, dass aus irgendeinem unerfindlichen Grund der glückliche Gewinner, mein Onkel Hardy zum Beispiel, seinen Gewinn an mich weitervererbt, oder noch besser, bereits zu seinen Lebzeiten an mich verschenkt. Dazu hat er zwar keinen Grund, denn er hasst mich. Aber Menschen, einschließlich Onkel Hardy, sind und bleiben unberechenbare Wesen, die manchmal unlogisch handeln. Mag die Summe der getroffenen Annahmen noch so an den Haaren herbei gezogen sein, so steht dennoch felsenfest: das geschilderte Szenario könnte tatsächlich so geschehen. Genau das ist der springende Punkt.

Ziehen wir zur Erhärtung der bisher gesammelten Fakten eine zweite Abfolge von Ereignissen in Erwägung. Nehmen wir an, jemand verliert den Lottozettel mit dem Haupttreffer. Dabei spielt es keine Rolle, ob dies auf der Straße, im Supermarkt oder irgendwo sonst passiert. Dass der folgenschwere Verlust für den Betroffenen besonders ärgerlich sein dürfte, ist für die Beweisführung ebenso irrelevant. Wesentlich ist nur, dass der fatale Lapsus jederzeit einem x-beliebigen vermeintlichen Gewinner widerfahren kann. Sie denken, das sei völlig unmöglich? Weit gefehlt! Unlängst brachte es wieder jemand zustande. Sie können sich gerne in den Medien darüber informieren, falls Sie daran zweifeln. Man stelle sich jetzt vor, dass ausgerechnet ich den Schein finden werde. Das ist leider noch nie passiert. Vielleicht hätte ich ab und an danach suchen sollen. Um einen wertvollen Schatz zu finden, braucht man ihn aber nicht unbedingt zu suchen. Man braucht allenfalls ein Quäntchen mehr Glück oder muss etwas länger abwarten und Tee trinken. Jedenfalls stirbt die Hoffnung zuletzt. In diesem Sinne besagt auch ein afrikanisches Sprichwort, dass es Glückspilze gibt, die hinfallen und dabei noch etwas finden. Nicht die Maximierung meines persönlichen Binomialkoeffizienten ist also ausschlaggebend, sondern einzig die Tatsache, dass er existiert.

Verschiebt man nun den Eulerschen Polyedersatz auf der irrationalen Achse um einen eindeutig umkehrbaren Vektor Gamma über die Gaußsche Krümmung hinaus bis ins Nirwana, erkennt man sofort, dass dies keinen Sinn ergibt. Darum wenden wir für den letzten Schritt unserer Beweisführung eine bewährtere Methode an: Wir lösen auf. Hierzu addieren wir die Wahrscheinlichkeit von Onkel Hardys Großzügigkeit mit derjenigen des afrikanischen Glückspilzes und betrachten das erhaltene Resultat. Das Ergebnis ist verblüffend. Sogar wenn ich an den Lottospielen nicht teilnehme, ist meine Gewinnchance niemals gleich null, sondern immer wenigstens einen Doppelhauch darüber. Die eingangs aufgestellte Behauptung, dass mit einem einzigen Spiel die Zufallsrate vergleichsweise von null auf unendlich steigt, ist demzufolge völlig korrekt, denn wir dividieren nicht mit dem mathematischen Nichts, sondern jeweils mit einer Nanoprise darüber. Man erkennt also, dass es sich im Ausdruck „von null auf unendlich" um gerundete Grenzwerte handelt. Ändern wir ihn ab in die präzisere Formulierung „von hauchdünn nach unermesslich", dann wird mit Sicherheit auch der ehrenwerte Mathematikprofessor keine Einwände mehr vorbringen. Gleichzeitig passt jetzt die Formel hervorragend in das Repertoire des erfolgsverwöhnten Statistikers. Auf eindrückliche Weise kann er damit die prozentuale Zuwachsrate grafisch als senkrecht nach oben verlaufende Linie ohne absehbares Ende darstellen. Mit diesem unschlagbaren Lockvogelargument lassen sich Investoren, die sich gerade auf Schnäppchenjagd befinden, gut und gerne anziehen. Bei einer Investition in mich handelt es sich also um ein bombensicheres Geschäft. Deshalb muntere ich alle interessierten Kapitalanleger an dieser Stelle auf, mich ungeniert anzurufen. Meine Telefonnummer steht weiter unten. Ich bin meinerseits an der Bekanntschaft mit einem finanzkräftigen und treu ergebenen Investor interessiert. Seit Lottospielen teurer geworden ist, kann ich nämlich meine Betriebskosten kaum noch mit eigenen Mitteln vorfinanzieren. Dabei verkündet die Werbung, dass die Auslosung der Gewinnzahlen neu mit drei Kugeln weniger als bisher erfolge und die Chance auf sechs Richtige dadurch drastisch ansteige. Wer mag es der Lotteriegesellschaft in Anbetracht der großzügigen Anpassung übel nehmen, dass sich nebenbei der erforderliche Einsatz für das Knacken des Jackpots, und darum geht es doch letztendlich, auf das läppische Sechsfache erhöht hat und sich die Trefferquote nun irgendwo bei eins zu zwanzig Milliarden bewegt. Um das herauszufinden, durfte ich mich selber anstrengen. Im Werbespot wurde es nicht erwähnt. Ich kann das verstehen. Die sündhaft teure Sendezeit ist viel zu kostbar. Der Spot muss sich notgedrungen auf das Wesentliche konzentrieren. Bringen wir darum mit ein wenig Zahlenakrobatik selber Licht in das Betriebsgeheimnis. Für den Haupttreffer braucht man nun also insgesamt sieben Richtige. Erfreulich finde ich vorab, dass man jetzt eine Zahl mehr ankreuzen darf als zuvor. Dadurch genießt man ein spürbar längeres Spielvergnügen. Da ist nachvollziehbar, dass die Lotteriegesellschaft als Gegenleistung neu fünf Silberlinge verlangt. Bisher waren es deren drei. Allerdings stört mich schon, dass trotz erheblicher Teuerung der Ertrag wesentlich geringer ausfällt. Wer Lust hat, kann gerne mitrechnen. Man vergleiche die Wahrscheinlichkeit von sechs Richtigen aus fünfundvierzig gegenüber sechs Richtigen aus zweiundvierzig, zuzüglich eine Richtige aus sechs

Glückszahlen. Das Ergebnis multipliziere man mit dem Faktor eins Komma sechs aufgrund des höheren Einsatzes. Kommen Sie auch auf sechshundert Prozent? Korrekt, es ergibt deutlich mehr. Ich habe großzügig abgerundet!

☆

Übrigens, die Konkurrenz interessiert sich ernsthaft für mein Geschäftsmodell. Sie bietet mir einen Übernahmepreis an, der mich schwach werden lässt. Aber ich habe mich dazu entschlossen, Ihnen den Vortritt zu lassen, sehr geehrte Investorinnen und Investoren. Weil Sie mir sympathisch sind. Also geben Sie sich einen Ruck und investieren Sie in mich, damit ich nicht länger knapp über dem Existenzminimum vor mich hin wetten muss. Wenn Sie meinen Ausführungen aufmerksam gefolgt sind, wissen Sie nun, dass sich der Einsatz lohnt. Meine Gesellschaft mit beschränkter Haftung weist des Weiteren äußerst bescheidene Personalkosten aus, besteht sie doch lediglich aus mir allein. Der Mitarbeiter meiner Firma ist überdurchschnittlich begabt und ausgesprochen erfolgsorientiert. Trotzdem bewegen sich sein Salär und die jährliche Bonusausschüttung im marktüblich bescheidenen Bereich von Großbankchefs. Sie sind also nicht der Rede wert. Die Firma verfügt über eine erstklassige Immobilie, eine Villa mit Swimmingpool und eigenem Golfplatz am See. Der Angestellte fühlt sich extrem wohl an seinem Arbeitsplatz. Er hat sich dazu entschlossen, außerhalb seiner Ferienzeit dort zu wohnen. Das sind immerhin drei Monate pro Jahr. Schenkungen und Sponsorenbeiträge nehme ich natürlich ebenfalls mit beschränkter Haftung dankend entgegen. Ich mache da kein Präjudiz. In der Küche habe ich noch genug Platz zum Aufhängen von Werbebannern und ich garantiere Ihnen, dass ich sie mir jeden Tag dreimal ansehen werde. Ob Investor, Sponsor oder schlicht nur Gönner: Jeder entscheide selbst aus freiem Willen, wie ich in meinen Kolumnen der führenden Wirtschaftsmagazine über ihn berichten werde.

Rufen Sie mich jetzt an unter der Nummer eins-zwei-drei-vier-fünf-sechs, Glückszahl sieben. Einer wird gewinnen. Versprochen!

Ein halbes Paar Socken, bitte

Zu meiner Jugendzeit herrschte die krasse Ungerechtigkeit zwischen den Geschlechtern. Als Junge geboren durfte ich zum Beispiel das Schulfach Hauswirtschaft nicht besuchen. So bin ich heute unfähig, an einem Putzlappen Vorder- und Hinterseite voneinander zu unterscheiden, um nur eine der fatalen Folgen zu nennen. Vor einigen Monaten ergriff ich die Initiative und machte mich daran, auf eigene Faust nachzuholen, was ich damals versäumt hatte. Es wollte mir nicht so recht gelingen. Mein letzter Versuch verlief dementsprechend erfolglos.

✣

Ich ließ den Staubsauger aus dem Schrank und wartete gespannt darauf, dass er zu fressen beginne. Doch er rührte sich nicht vom Fleck. Offensichtlich war er bereits verhungert. Also kaufte ich mir einen neuen und stellte ihn ins Wohnzimmer. Er hatte ebenfalls keinen Appetit. Ich vermutete, dass er sich erst an die neue Umgebung gewöhnen musste und gewährte ihm genügend Zeit. Nach einer Stunde bewegte er sich immer noch nicht. Nach einem Monat hatte er Staub angesetzt. Darum weichte ich ihn über Nacht in der Badewanne ein, um ihn anderntags - noch ein wenig tropfend, aber sonst ganz neu und unbenutzt - in den Laden zurückzubringen. Der Verkäufer zog mit gekonntem Handgriff ein langes Kabel aus dem Bauch des Patienten. Aha! Der Fachmann förderte den Grund für die Appetitlosigkeit meines Saugers schnurstracks zu Tage. Das arme Gerät litt unter einer Kabelverstopfung. Nun schloss der Verkäufer das Kabel an einer Steckdose an und drückte einen der beiden Knöpfe auf der Oberseite des Gehäuses. Offensichtlich wollte er dem Sauger eine Magen-Darm-Spülung verpassen. Dieser explodierte gnadenlos mit einem lauten Knall und pulverisierte zu einer dicken Staubwolke. Der Fachmann hatte anscheinend doch nicht so viel Ahnung davon, was er da tat. Als sich der Staub nach einer geraumen Weile gelegt hatte, war auch ich spurlos aus dem Laden verschwunden.

Wie gesagt, ich kann nichts dafür. Die vorurteilbehaftete Gesellschaft von gestern ist schuld daran, dass ich den heutigen Erwartungen an den modernen Hausmann nicht Stand halte. Sie hat mich unwiderruflich geprägt und mir einen tiefsitzenden Minderwertigkeitskomplex verpasst. In Sachen Wischutensilien reichen meine Kenntnisse gerade soweit, dass ich mir die Zähne nicht mit der Schuhbürste putze. Im Übrigen fallen für mich haarige oder borstige Gegenstände an einem kurzen oder langen Stiel, die zum Fegen, Wischen, Schrubben oder Kehren irgendwelcher unzugänglicher Ecken gut sind, unter den allgemeinen Sammelbegriff „Besen". Mag sein, dass ich den Besen damit Unrecht tue und dass sie deswegen unter mangelnder Wertschätzung leiden. Schließlich sind Besen auch nur Wesen, vor allem Besenhunde. Frau Nachbarins kleiner Liebling zum Beispiel. Er hat zwar keinen Stiel, hängt dafür aber an einer Leine. Im Übrigen scheint er nur aus Haaren zu bestehen. Es stellte sich heraus, dass er unter anderem auch über einen Kopf und zirka vier Beine verfügt. Als ich das zottige Knäuel das erste Mal aus der Ferne erblickte, hatte ich keine Idee, was es darstellen sollte. Am ehesten ähnelte es einem Staubmopp. Kürzlich begegnete ich ihm samt Frauchen im Schlepptau im nahegelegenen Park. „Du bist aber ein putziges Lumpchen", sprach ich im Vorübergehen zum einen Ende des nicht identifizierten Wischobjekts. Das andere Ende begann daraufhin wild zu bellen und nach mir zu schnappen. Somit war klar, dass es sich um einen Besenhund handelte. "Keine Angst, er beißt nicht", beruhigte mich Frauchen, als ich stehen blieb. Ich hatte keine Angst. Schnappende Besenhunde beißen nicht. Sie bekunden ihre Freude.

128

Man erkennt es deutlich an der lächelnden Form des Gebissabdrucks auf der Haut. „Das trifft sich gut!", beteuerte ich Frau Nachbarin meine bedingungslose Zuneigung zu ihrem Pfotenliebling. „Ich habe heute keinen Appetit auf Hotdog." Frauchen antwortete mit einem unmissverständlichen Knurren und fletschte bedrohlich die Zähne. Offenbar hatte ich mich ungeschickt ausgedrückt. Zum Glück hielt Plüsch sie mit aller Kraft zurück. Ich hielt es für angebracht, meinen Spaziergang fortzusetzen, und entfernte mich schleunigst. Bissige Worte der Entrüstung flogen mir hinterher. Sie verfehlten mich nur knapp.

☆

Neulich hatte meine Socke ein Loch und musste dringend repariert werden. Ich nahm dies zum Anlass, mich mit der Technik des Nähens vertraut zu machen. Der erste Versuch scheiterte leider daran, dass ich beim besten Willen den Zündschlüssel an der Nähmaschine nicht finden konnte. Ich stellte die Maschine zur Seite und nahm Nadel und Faden zur Hand. Die Löcher mit der Nadel in den Stoff zu stechen entpuppte sich als Kinderspiel. Aber verflixt und ungenäht, es wollte mir nicht gelingen, anschließend den Faden mit den Fingern durch die Löcher zu ziehen. Da half nur noch der Gang zum Kleiderladen um die Ecke. „Ein halbes Paar Socken, bitte!", bat ich den Besitzer höflich. Dieser wollte mir nur über seine Leiche ein Einzelstück aushändigen. Weil ich nicht lockerließ, offerierte er mir ein ganzes Paar zum halben Preis. Ich schlug das Angebot aus. Ich brauchte eine Socke, nicht zwei. „Strick dir deine Socke doch selber!", empfahl er mir entnervt. Ich bedankte mich für den fachmännischen Rat und befasste mich sodann mit dem Stricken. Vergessen sind inzwischen die Qualen und Strapazen, die ich bei dem Unterfangen durchgemacht hatte. Das Ergebnis konnte sich nämlich sehen lassen. Das Museum für abstrakte Kunst kaufte mir das Knäuelwerk ab. Ebenso alle weiteren Wollskulpturen, die ich danach noch erschuf. Der Museumsdirektor ließ gar einen eigenen Ausstellungsraum für meine Kreationen einrichten. Mit den Einnahmen kann ich mir bis in alle Ewigkeit neue Socken kaufen, einzeln oder paarweise in meinem eigenen Laden inklusive Hosen, Hemden, Jacken und Schuhe. Dazu einen passenden Schrank und damit nichts im Regen steht, ein schmuckes Häuschen drum herum. Meine Großmutter hätte dazu gesagt: „Siehst du, mein Junge? Wer die Socke nicht ehrt, der handelt verkehrt. Ihm bleibt ihr Geheimnis für immer verwehrt."

Weltuntergang mit Folgen

Gemeinsam schaufelten Opti und Pessi Mist auf den Karren. „Dieser verflixte Haufen wird und wird nicht kleiner", fluchte Pessi. Übel gelaunt schimpfte er vor sich hin. „Das dauert ewig, bis der gesamte Mist auf das Feld ausgebracht ist." Opti versuchte, seinen Zwillingsbruder aufzumuntern. „Du hast recht", lachte er fröhlich. „Das wird sich gewiss lohnen. In zwei Monaten werden unsere Tomaten kräftig gedeihen und viele saftige Früchte hervorbringen. Ich freue mich jetzt schon auf die wunderbare Pracht. Ich verspreche dir, du wirst staunen. Komm! Wir fragen Onkel Alche, ob er uns hilft. Zu dritt kommen wir noch schneller voran." „Gott behüte! Tu das nicht!", rief Pessi entsetzt. „Ausgerechnet Alche! Der zaubert doch nur wieder eine von seinen glorreichen Ideen aus dem Hut hervor und bringt es fertig, den ganzen Haufen in die Luft zu sprengen. Ich habe keine Lust, den Rest meines Lebens damit zu verbringen, Mist von den Wänden abzukratzen." Opti konnte die Skepsis von Pessi nachvollziehen. „Schön, dass du einverstanden bist", meinte er zufrieden. „Ja, unser Onkel Alche steckt voller Überraschungen. Ich staune auch immer wieder über seine außergewöhnlichen Einfälle. Also dann hole ich ihn jetzt her." Doch das erübrigte sich. Alche kam gerade selber aus dem Haus. „He, ihr zwei!", rief er den beiden Brüdern zu. „Ich habe euch vom Fenster aus zugesehen. Dabei ist mir eine Idee gekommen, wie ich euch helfen kann. Soll ich? Ich garantiere euch, die Arbeit ist im Nu erledigt." „Wie willst du uns denn dieses Mal ins Unglück stürzen?", fragte Pessi nichts Gutes ahnend. „Lassen wir es krachen!", antwortete Alche vielversprechend und zog eine geheimnisvolle Plastikröhre mit einer Lunte daran aus der Hosentasche. „Was habe ich dir gesagt, Opti?", seufzte Pessi resigniert und raufte sich die Haare.

Alche wollte also tatsächlich den Misthaufen in die Luft jagen. Aber womöglich hielt sich darin mein kleiner Mistkäfer Herkules auf und nahm soeben sein Mittagsmahl zu sich. Herkules lernte ich letztes Jahr während des Picknicks unweit von hier auf einem Stein am Rande der Kuhweide kennen. Ich hatte damals mein Käsebrot kurz abgelegt, um die Trinkflasche aus der Tasche zu holen. Genau in diesem Augenblick tauchte das kräftige Kerlchen auf und bestand darauf, mein Essen mit mir zu teilen. Mit viel Verhandlungsgeschick und einer Portion sanftem Druck konnte ich Herkules schließlich davon überzeugen, dass der französische Schimmelkäse in meinem Sandwich mit Ausnahme des betörenden Dufts nichts mit einem Kuhfladen gemeinsam hatte. Damit bewahrte ich ihn vor den unangenehmen Folgen, die er sich durch den Verzehr des Käses zugezogen hätte. Mistkäfer bekommen davon heftigen Schluckauf. Dass nun Alche meinen Schützling womöglich leichtfertig ins Jenseits beförderte, durfte ich nicht zulassen. Kurz entschlossen mischte ich mich in das Geschehen ein. „Wenn du das tust, Alche, streiche ich dich aus der Geschichte heraus! Also lass es besser sein! Ich meine es ernst!" Alche fragte aufmüpfig, warum ich wegen eines ordinären Mistkäfers einen derartigen Aufstand zelebriere. Ich machte ihm unmissverständlich klar, dass er von dem sogenannt ordinären Käfer eine Menge lernen könne, zum Beispiel Anstand, und dass ihm Herkules haushoch überlegen sei, schon alleine wegen der Tatsache, dass dieser dreimal so viel Beine besäße wie er und obendrauf noch zwei Flügel, und dass dies definitiv meine letzte Warnung sei. Alche blieb nichts anderes übrig, als klein beizugeben. „Also gut, dann eben nicht!", murrte er beleidigt und widerrief umgehend die Hilfsbereitschaft gegenüber seiner Neffen. „Es tut mir leid, aber ich habe jetzt keine Zeit. Schaufelt alleine weiter!" Er drehte sich um und verschwand wieder im Haus. Opti frohlockte: „Siehst du, Pessi? Alles läuft gut. Machen wir weiter! Bis morgen Abend haben wir es geschafft." Pessi klagte unverdrossen weiter. „Wozu strengen wir uns eigentlich an? Heute Nacht geht so oder so die Welt unter. Seit Wochen berichten die Zeitungen ununterbrochen darüber und alle Leute reden nur noch von der bevorstehenden Apokalypse." Opti nickte. „Ich gebe zu, diese andauernden, leeren Versprechungen langweilen mich auch allmählich. Wie oft schon wurde uns das nahende Ende prophezeit?" Seine Nachdenklichkeit dauerte nicht lange. „Vielleicht klappt es dieses Mal", meinte er hoffnungsvoll. „Und falls ja, dann dauert der Weltuntergang höchstens eine Nacht lang. Am Morgen danach beginnt ein neuer Tag und alles ist noch viel besser. Du wirst sehen. Komm! Gehen wir schlafen!"

✫

In der Nacht kam ein heftiges Gewitter auf. Der Regen prasselte an die Fensterläden. Es blitzte und donnerte. Dann folgte ein fürchterlich lauter Knall. Pessi war auf einen Schlag hellwach und eilte zum Zimmer seines Bruders. „Hast du das gehört?", jammerte er und zitterte am ganzen Leib. „Es ist soweit! Wir gehen unter!" „Da kannst du wehklagen, soviel du willst!", antwortete Opti harsch. „Die Welt macht trotzdem was sie will und ich will jetzt weiterschlafen. Wir sehen uns morgen!" Er legte sich wieder hin und kaum hatte er sich umgedreht, war er auch schon eingenickt. „Dann gehe ich eben zu Alche", dachte sich Pessi. „Vielleicht hat er ausnahmsweise eine brauchbare Idee." Alche befand sich nicht in seinem Zimmer. Wo mochte er bloß stecken bei diesem Hundewetter? „Oh nein, Herkules!", schoss es mir durch den Kopf. Überstürzt sah ich draußen nach dem Rechten. Mir wurde schnell klar, was sich abgespielt hatte. Der Misthaufen war nicht mehr da und Alche schlich verstohlen in Richtung Haus zurück. Er konnte es also nicht sein lassen. Ich hielt mein Wort und strich ihn ohne Bewährung aus dem Rest der Geschichte heraus. Sollte Herkules im Haufen übernachtet haben, befand er sich jetzt wahrscheinlich nicht mehr unter uns. „Es tut mir Leid, kleiner Freund!", dachte ich deprimiert und ärgerte mich über meine Unachtsamkeit. Hätte ich beim Schreiben besser aufgepasst, wäre das nicht passiert. Tief betrübt kehrte ich zu Pessi zurück und stellte ihm unauffällig eine Tasse Baldriantee auf sein Nachttischchen, in der Hoffnung, dass der bedauernswerte Kerl davon trinken würde. Dann könnte er sich vielleicht entspannen und für den Rest der Nacht ein wenig Schlaf finden. Er und

Opti würden morgen noch früh genug erfahren, was vorgefallen war.

Als der Morgen dämmerte, kam das verheerende Ausmaß des nächtlichen Bubenstreichs ans Tageslicht. Der gesamte Mist lag mindestens hundert Meter rundum fein säuberlich verstreut. Da würde ich die sterblichen Überreste von Herkules niemals wiederfinden, befürchtete ich. Wenigstens durften sich die beiden Brüder darüber freuen, dass die Welt wie eh und je im Sonnenlicht erstrahlte und dass sie heute keinen Mist mehr schaufeln mussten. Doch Pessi betrachtete ungläubig die von oben bis unten vollgespritzte Fassade ihres Hauses, welche sie vergangenen Herbst frisch gestrichen hatten, und wiederholte entsetzt immer wieder dieselben Worte: „Oje! Oje, oje!" Mehr brachte er nicht mehr über die Lippen. Derweil holte Opti ein Liedchen pfeifend die Leiter aus dem Abstellraum, stellte sie an die Hausmauer und kletterte behände die Sprossen hoch. „Wenn der Mist den Weg zu den Tomaten nicht schafft, dann bringen wir eben die Tomaten dorthin, wo sich der Mist befindet", meinte er lachend und begann damit, in jedes an der Mauer klebende Häufchen ein Samenkorn zu stecken. „Stell dir unser Haus vor, Pessi, vollbehangen mit reifen, leuchtend roten Tomaten! Die Menschen werden von nah und fern zu uns pilgern, um diesen einmaligen Anblick zu bewundern, und alle werden unsere Tomaten kaufen wollen, egal zu welchem Preis." Ich finde Opti bewundernswert. Er ist einfach durch nichts unterzukriegen. Auch mir bereitete der Morgen danach eine höchst erfreuliche Überraschung. Oben im zweiten Stock klebte Herkules quicklebendig am Fensterladen und frühstückte an einer üppigen Portion seines Lieblingsgerichts. Er hatte die Katastrophe tatsächlich heil überstanden. Mir fiel ein Stein vom Herzen und ich fühlte mich irgendwie neu geboren.

✧

Man kann es drehen und wenden so oft man will. Der erste Tag nach dem Weltuntergang ist und bleibt der allerschönste.

Plunder der Technik

Macht es Ihnen etwas aus, werte Leserin, werter Leser, wenn ich Sie kurz allein lasse? Ich muss dringend einkaufen gehen. Soeben habe ich in der Reklamezeitschrift gelesen, dass die erste unbemannte Aufklärungsdrohne für Normalbürger im Ladenregal steht. „Beobachte deine Nachbarn, während sie dich belauschen, und entdecke dabei, wie sie wirklich sind!", verkündet der Hersteller im Klartext und macht keinen Hehl daraus, welches Zielpublikum er mit dieser Parole anspricht. Wozu sonst braucht der Mensch eine Drohne, wenn nicht zum Ausspionieren seiner Nachbarn? Ich würde das niemals tun. Ich will die Drohne aus einem ganz anderen Grund. Technische Spielereien sind meine Leidenschaft und ich muss sie darum unbedingt alle ausprobieren. Ich bin jetzt schon gespannt darauf, was für Neuigkeiten mir die Drohne offenbaren wird. Zweifelsohne wird sich mein Horizont weit über die eigenen vier Wände hinaus erstrecken.

✭

Eine andere technische Meisterleistung kann demjenigen weiterhelfen, der verzweifelt nach einer Möglichkeit sucht, sein Gewicht unter Kontrolle zu halten. Es handelt sich hierbei um eine von Grund auf neu konzipierte Waage. Seit ich sie benutze, fühle ich mich praktisch schwerelos. Ihr Prinzip ist so genial wie einfach. Sie berechnet das Gewicht aufgrund der vom Eigentümer selber definierbaren Erdanziehungskraft. Mithilfe dieser Waage erreichte ich über Nacht mein Idealgewicht und bis heute konnte ich meine Kilos durch gelegentliches Nachjustieren ohne Essensverluste mühelos halten. Speziell für kalorienbewusste Menschen wurde eine Gabel erfunden, die mit eingebauten Sensoren überwacht, wie schnell man die Hand vom Teller zum Mund hinführt und immer dann Alarm auslöst, wenn das zulässige Tempo überschritten wird. Die Geschwindigkeitsübertretungen ahndet sie zunächst mit beleidigenden Bemerkungen. Beginnend mit „Rollmops, Rollmops!" steigert sie sich über „Kalorienmörder!" bis hin zu „Du verfressenes schwarzes Loch!". Bei extremer Raserei zieht sie eine saftige Strafgebühr direkt vom Konto des Übeltäters ab. Ist das Konto überzogen, verwehrt sie dem Essenden den nächsten Bissen solange, bis dieser die Buße in bar beim Gastgeber beglichen hat. Ich habe mir eine Sechserpackung solcher Gabeln zugelegt und ausgewiesene Gourmets aus meinen Bekanntenkreis zum Abendessen zu mir nach Hause eingeladen, um mit ihnen zusammen den Elchtest am neuen Essgerät durchzuführen. Es schmerzt immer wieder, wenn man aus heiterem Himmel grundlos gute Freunde verliert. Seither benutze ich die Gabeln nur noch selber. Sie führen Statistik über meine Essgewohnheiten und übermitteln die Daten automatisch an Tracebook, damit sich meine Ex-Freunde über mich lustig machen können, falls ich zu gierig über den Weihnachtsbraten herfallen sollte. Ich habe jedoch keine Angst, dass es soweit kommen könnte. Der Preis für das schlaue Besteck ist derart gestaltet, dass ich mir kulinarische Eskapaden nicht mehr leisten kann. Die Wirkung ist extrem nachhaltig. Jedes Mal, wenn die eingebauten Akkus nach einer Woche leer sind, darf ich die Gabeln ersetzen. Wenn Sie mögen, werte Leserin, werter Leser, bringe ich Ihnen eine vom Einkaufen mit. Oder bevorzugen Sie vielleicht eine Zahnbürste mit eingebautem Tempomat? Damit werden die Zähne während der Reinigung weniger heiß. In Ordnung, dann gehe ich jetzt und wünsche Ihnen inzwischen viel Spaß beim Weiterlesen.

Der Elektronikriese Singsing vertreibt nicht nur ordinäre Computer und langweilige Smartphones. Längst ist er in diverse weitere Sparten vorgedrungen und bringt dort Produkte mit verblüffenden Fähigkeiten auf den Markt, die dem Konsumenten teils völlig neue Anwendungsmöglichkeiten erschließen. Singsing mischt zurzeit die Sanitärbranche komplett neu auf. An der aktuellen Bau- und Hausmesse hat der Gigant ein Mehrzweck-Waschbecken mit vollintegrierter Tastatur vorgestellt. In Verbindung mit dem dazu passenden WC, bei dem der Deckel auf die Vorderseite hochgeklappt und als Bildschirm verwendet werden kann, ist es nun möglich, während der Sitzung auf dem stillen Örtchen Hände waschend seinen Geschäftsbericht zu Ende zu schreiben oder ein wenig mit seinen Freunden zu chatten. Die renommierten Hersteller herkömmlicher Sanitärartikel haben die Herausforderung angenommen und die Gegenoffensive eröffnet. Die Firma Lemerit bekundet ihren Innovationsgeist überzeugend mit der Lancierung einer multifunktionalen Toilette, dem sogenannten Klomputer. Wie auf einem handelsüblichen WC verrichtet man darauf in aller Ruhe seine Geschäfte. Die revolutionäre Neuerung besteht darin, dass die Geschäftsergebnisse des Klomputernutzers beim Spülvorgang gewogen sowie deren Inhaltsstoffe exakt analysiert werden, bevor sie über das Röhrennetz zu interessierten Abnehmern gelangen. Mithilfe der ermittelten Daten erfolgt eine detaillierte Kosten-Nutzen-Abrechnung, wodurch das System transparent aufzeigt, dass nicht unerhebliche Vergütungen vom Abnehmer an den Klomputernutzer fällig werden. Die Überweisung erfolgt automatisch in Echtzeit als Guthaben auf dessen Spülwasserkonto. Der Abnehmer wiederum hat sich das Recht erworben, die veräußerten Güter zu verwerten, und produziert daraus Neogas und Gummibaumdünger. Außerdem rezykliert er schwer verdauliche Metalle, seltene Erden und weitere wertvolle Rohstoffe. Durch den Einsatz des Klomputersystems stellt sich hiermit eine klassische Win-win-Situation ein. Alle Parteien profitieren. Selbst der Konsument schreibt erfreulich schwarze Zahlen. Dieser Aspekt wird dem Gerät mit großer Wahrscheinlichkeit zum Durchbruch verhelfen. Als segensreicher Nebeneffekt wird sich mit zunehmender Verbreitung das Energie- und Rohstoffproblem der Menschheit von selbst in Neogas auflösen. Der Klomputer hat auch in vielen anderen Wirtschaftsbereichen einen beachtlichen Wachstumsschub ausgelöst, vor allem in der Lebensmittelindustrie. Essen lohnt sich für den Konsumenten jetzt in doppelter Hinsicht. Neuste Studien bestätigen, dass möglichst viel essen wieder sehr gesund ist. Je mehr man isst, desto gesünder ist dies für das eigene Portemonnaie. Die bis zur Unleserlichkeit verstümmelten Deklarationen der Inhaltsstoffe industriell gefertigter Nahrungsmittel wurden von findigen Köpfen der Marketingabteilungen zum stolzen Aushängeschild umfunktioniert und prangern neuerdings als ultimative Werbeknüller groß und bunt auf den Verpackungen. Dass ein Getreideriegel Getreide enthält, interessiert niemanden mehr. Derselbe Riegel besteht heute wieder vorwiegend aus Rohrzucker, Fruchtzucker, Puderzucker, Kalorien und einer Prise Goldstaub. Der Absatz des Riegels hat sich dadurch verdoppelt. Enthält das Fischfilet mindestens ein Gramm Quecksilber pro Kilogramm Fisch, reißen sich die Konsumenten darum. Quecksilber wirft eine hohe Rendite ab. Was von den gehamsterten Einkäufen keinen Platz mehr im Magen findet, landet ohne den langen Umweg durch die Verdauungstrakte direkt aus der Packung im Klomputermund und wird dadurch ebenfalls ihrem eigentlichen Verwendungszweck zugeführt.

✧

Der technische Fortschritt bringt heutzutage fast stündlich neue Sensationen hervor, ohne die man augenblicklich nicht mehr überlebensfähig wäre. Man stelle sich den armen Journalisten ohne das Tablet vor. Mühselig müsste er sich selbst vor Ort des schrecklichen Geschehens begeben und dort unter Lebensgefahr recherchieren, wie Frau Meier ihre Rosenhecke schneidet. Danach müsste er sich wochenlang das Hirn darüber zermartern, wie er aus den Aufzeichnungen einen Sensationsbericht für die Titelseite seiner Zeitung zurechtschneidern soll. Mit dem Tablet hat für ihn ein neues Zeitalter begonnen. Von A bis Z erledigt dieses selbständig ohne lästiges Knopfdrücken alles Notwendige. Per Zufallsgenerator werden ein paar Koordinaten auf dem Erdtrabanten ausgelost und die allgegenwärtigen Überwachungskameras ferngesteuert darauf ausgerichtet. Die dortigen Geschehnisse werden aufgezeichnet und die Bilder in einen spannungsgeladenen Bericht transformiert. Der Journalist braucht lediglich noch ein gefaltetes Blatt Papier in den USB-Anschluss zu stopfen und schon wird dieses elektrostatisch vollgekritzelt. „Die Rosenmörderin hat wieder zugeschlagen!", steht am nächsten Morgen auf der Titelseite und der Journalist erhält für den spannenden Artikel einen Oskar.

Manchmal dauert es hundert Jahre oder länger, bis sich eine Errungenschaft am hart umkämpften Markt durchsetzt. Man darf gespannt sein, wann die Menschheit den wahren Wert des Wischmopp-Stramplers aus dem zwanzigsten Jahrhundert erkennen wird. Bauch und Ärmel dieses Ganzkörperanzugs für Babys sind mit Putzfäden versehen. Während das Baby in der Wohnung herumkrabbelt, wischt es nebenbei den Boden auf. Nie durchsetzen dürfte sich die Raucherkette, ein Apparat, mit dem man eine ganze Schachtel Zigaretten auf einmal wegrauchen kann. Die Tabakindustrie hat sich bisher erfolgreich dagegen gewehrt. Der Apparat würde ihre Kundschaft allzu schnell dahinraffen. Die Badewanne mit Einstiegstüre, ebenfalls eine Erfindung aus dem letzten Jahrhundert, hat sich hingegen bewährt, wenn auch nicht in ihrer ursprünglichen Form. Die Automobilindustrie hat sie zum serienreifen Fahrzeug, dem allseits beliebten Cabriolet, weiterentwickelt. Analog ihrer Vorläufer fehlt den rollenden Badewannen der Stöpsel. Angesammeltes Wasser wird abgelassen, indem man die Einstiegstüre öffnet.

So, da bin ich wieder! Ich hoffe, Sie hatten Spaß an der Geschichte, werte Leserin, werter Leser. Die Drohne war leider schon vergriffen. Die Verkäuferin erzählte mir, die Leute hätten sich darum gerissen. Einige bezogen bereits gestern Abend ihren Posten vor der Eingangstür des Ladens und übernachteten dort, um am Morgen zuvorderst in der Warteschlange zu stehen. Ich hätte es wissen müssen. In Anbetracht des aufkommenden Flugverkehrs vor meinem Fenster habe ich mich ersatzweise für ein Antidrohnen-Raketenabwehrsystem entschieden. Einmal in Betrieb genommen funktioniert es völlig autonom weiter. Zielsicher nimmt es alles, was sich im Umkreis von fünfzig Metern durch die Luft bewegt, ins Visier und fordert ein sich näherndes Flugobjekt mit lauten Pfeiftönen unmissverständlich dazu auf, sich zu identifizieren. Pfeift die Krähe nicht zurück, wird sie als feindliche Drohne eingestuft und abgeschossen. Wenn es sich beim Flugobjekt nicht um eine Krähe handelt, dreht es von der Explosion eine lustige

Videoaufnahme und sendet eine Kopie ohne Absender an die Mailbox des Nachbarn. Ich bedaure außerordentlich, dass ich ihnen keine Tempomat-Zahnbürste mitbringen konnte. Sie waren ebenfalls ausverkauft. Ich war mir auch nicht sicher, ob Sie sich stattdessen über einen Hightech-Volleyball gefreut hätten. Er hat abgerundete Kanten und ist dank modernster Nanotechnologie sowohl für Links- als auch Rechtshänder geeignet. Aber ich denke, ich habe etwas Passendes für Sie gefunden. Wenn es Ihnen gefällt, drucken Sie es einfach mit Ihrem Dreidimensional-Drucker aus. Ich wünsche Ihnen viel Freude damit.

Mein Taschenrechner hat einen Vogel

Beim Einkaufen trage ich neuerdings einen Taschenrechner bei mir. Damit tippe ich pedantisch genau die Preise von den Waren ab, die ich aus den Regalen genommen und in meinen Einkaufswagen gelegt habe. Im Übrigen halte ich mich strikt an die Einkaufsliste. Was nicht auf der Liste steht, ist tabu. Diese Maßnahmen treffe ich nicht aus Misstrauen gegenüber der Kassiererin. Im Gegenteil, ich habe großen Respekt vor liebenswürdigen, zuverlässigen Kassiererinnen und ich möchte die meine darum nicht in Schwierigkeiten bringen, indem ich einen Riesenstau vor ihrer Kasse verursache, weil ich mit einem ächzenden Einkaufswagen dahergelaufen komme, der unter der schweren Last auseinanderzubrechen droht, da er wesentlich voller beladen ist als meine Kreditkarte, sodass mein Guthaben bei Weitem nicht ausreicht, um all das zu bezahlen, was ich zusammengerafft habe, und ich deshalb zuerst einmal dümmlich und ratlos vor ihr stehe und derweil überlegen muss, worauf ich denn verzichten könnte, was nicht einfach ist, da ich prinzipiell nur Dinge besorge, die ich unbedingt benötige, also Milch, Brot, Bettflaschenöffner und derlei Sachen und dann durch den halben Laden zurücklaufen muss, um einen Teil der Waren wieder zurückzubringen in der Hoffnung, dass mich der Warenhausdetektiv nicht fragt, was ich da tue, und dass ich es schaffe, noch vor Ladenschluss wieder bei der wartenden Kassiererin zu sein, was eine große Herausforderung für mich darstellt, muss ich mich doch durch eine lange Kolonne ungeduldiger, schlecht gelaunter Einkaufsmuffel hindurch mogeln mit dem Risiko, dass sie mich beim Vorbeigehen am Kragen packen und mir gründlich die Leviten lesen. Nein, das möchte ich meiner Kassiererin unter keinen Umständen antun. Das wäre gewiss nicht gut für ihre Nerven.

Übrigens, die Kassiererin heißt Sabrina. Wie gesagt nehme ich die Prozedur mit dem Taschenrechner nicht ihretwegen auf mich, sondern weil mir das soeben geschilderte Missgeschick bereits einmal passiert ist. Ich glaube, es war gestern. Ja, ich erinnere mich wieder. Ich las heute Morgen in der Zeitung darüber. „Zwei Verletzte nach Rauferei im Supermarkt", lautete die Schlagzeile auf der Titelseite. Das ist natürlich maßlos übertrieben. Schließlich handelte ich aus reiner Notwehr. An der Kasse stellte sich heraus, dass meine ausgeprägte Sammelleidenschaft den Geldbeutel hoffnungslos überforderte. Deshalb musste ich wohl oder übel ein paar Dinge wieder über Bord werfen. Da stand nun die schwerwiegende Frage im Raum: Worauf

musste ich schweren Herzens verzichten? Ein brot-
loses Leben würde nicht lange andauern, ohne den
Käse hätte ich es kaum einen Tag ausgehalten und
den Broccoli benötigte ich zwingend als Motiv
zum Abzeichnen. Ich konnte mich nicht entscheiden. Die göttliche Sabrina übernahm die Initiative.
Sie drückte mir die drei Packungen Snacks in die
eine und die neue Pfeffermühle in die andere
Hand. Ich protestierte lautstark, denn erstens ver-
griff sie sich an meinen Waren aus meinem Einkaufswagen und zweitens war meine alte Pfeffermühle leer, also brauchte ich zwingend eine neue.
Doch Sabrinchen erstickte mein Aufbegehren im
Keim, indem sie mir das gelb-rosa karierte Paar
Sportsocken zwischen die Zähne klemmte, mich
mit sanftem Druck in Richtung Laden schubste
und mir als unmissverständliches Zeichen ihres
Willens einen Klaps auf den Hintern mit auf den
Weg gab. Mir blieb nichts anderes übrig, als zu
tun, was sie von mir verlangte, und marschierte
gebeugten Hauptes los. Mein Herz blutete im Hin-
blick auf die bevorstehende Trennung von den
heiß begehrten Snacks. Ich stellte mir meine Gäste
vor, wie sie abgemagert auf dem Sofa saßen und
hungrig auf die leeren Partyteller starrten. Weh-
mütig legte ich die Sachen zurück ins Regal und
knipste einige Erinnerungsfotos von ihnen. Nach
einer halben Stunde drehte ich mich um und lief
ohne zurückzublicken davon. Ich eilte zur Kasse,

wo meine restlichen Waren darauf warteten, mich zu trösten. Die aufgebrachte Kundschaft wollte mich aber nicht vorlassen. Irgendwie musste ich mir Zugang verschaffen, denn mein Joghurt wurde allmählich sauer. Ergo trat ich dem freundlichen Herrn, der mich gebieterisch am Ärmel festhielt, taktvoll auf den großen Zeh. Er ließ nicht ab von mir, weshalb ich mich dazu veranlasst fühlte, unter Einbezug seines anderen Fußes die Aktion zu wiederholen. Beim zweiten Mal reagierte der freundliche Herr endlich zuvorkommend. Er löste die Umklammerung und begann lustig zu tanzen. Mir schien, als wollte er sich auf diese Weise bei mir entschuldigen. Sein Lächeln wirkte hingegen etwas verkrampft. Die Medien zeigten kein Verständnis für meinen Joghurt. Sie missbilligten den Rettungsversuch, stilisierten die beiden blau angelaufenen Zehen des freundlichen Herrn zu zwei Schwerverletzten hoch und ich war für die Gesellschaft lebenslänglich abgeschrieben. Der eifrige Journalist heißt Eugen Hieronymus. Ich habe ein Kopfgeld auf ihn ausgesetzt.

✫

Nun kennen Sie den Grund, warum ich mich nur noch mit Taschenrechner und Einkaufsliste auf Shoppingtour begebe. Sie ermahnen mich eindringlich zu eiserner Disziplin, wenn es meine Einkaufswut darauf angelegt hat, gnadenlos das

Budget zu sprengen. Mein Budget ist extrem konstant und nicht fähig, sich großzügigen Umständen anzupassen. Darum habe ich mich angepasst. Nun streife ich wieder entspannter durch die Läden und meine Selbstsicherheit ist zurückgekehrt. Den Klaps auf das Sitzfleisch habe ich überwunden. Psychische Folgeschäden sind bis heute ausgeblieben. Ich bin weder böse auf die schöne Sabrina noch habe ich mich unsterblich in sie verliebt. Wenn ich sie nachher an der Kasse antreffe – ich befinde mich nämlich gerade auf einem Einkaufsbummel durch ihren Supermarkt - werde ich sie fragen, ob sie nachher mit mir im Park spazieren geht. Vielleicht verpasst sie mir dafür ein paar Ohrfeigen. Aber vorerst muss ich noch die unvermeidbare Tortur ertragen, an zahllosen Sonderangeboten vorbeiziehen zu müssen ohne danach greifen zu dürfen, weil die für Aktionen zuständige Hand durch das präventiv wirkende Festhalten der Einkaufsliste perfiderweise außer Gefecht gesetzt ist und mit ihr zugleich die Unterstützung des Ellbogens ausbleibt, um mich gegen habgierige Konkurrenten durchzusetzen. Besonders hart trifft es mich, tatenlos mit ansehen zu müssen, wie sich die anderen frischfröhlich um das letzte Stück eines extravaganten Latzhosenmodells der Edelmarke „Fummel" streiten und sie vergnügt in tausend Stücke reißen. Ich brauche zwar keine neuen Beinkleider, aber dieses ausgefallene Exemplar würde gut in die Trophäensammlung eines erfolgreichen Schnäppchenjägers passen. Nebst dem lässigen Latz hat die Hose drei Beine, zwei zum Hineinschlüpfen und das dritte lässt man leger hinten hinab hängen. Das sieht unglaublich elegant aus. Zudem ist die Hose extrem praktisch. Fällt man auf die Knie und eines der Hosenbeine trägt ein Loch davon, schlüpft man einfach in die anderen zwei Röhren.

Das Leben ist ungerecht. Hätte ich gewusst, dass der Ausverkauf bereits in vollem Gang ist, wäre ich zu Hause geblieben. Als ob das noch nicht genug wäre, versagt nun mein Taschenrechner urplötzlich und ausgerechnet in dem Moment, als ich mir den Saldo anzeigen lasse. Er läuft zwar noch, aber der angezeigte Gesamtbetrag liegt zehn Silberlinge über meinem Budget. Dabei habe ich die Beträge sehr sorgfältig erfasst und ich bin mir ziemlich sicher, dass ich keine Tippfehler begangen habe. Um menschliches Versagen vollständig auszuschließen, muss ich wohl oder übel alles nochmals durchzählen. Ich hole mir einen zweiten Einkaufswagen und lege Artikel für Artikel vom einen in den anderen Wagen, wobei ich die Preise erneut sehr behutsam eingebe und am Schluss den aufgelaufenen Totalbetrag kontrolliere. Das Ergebnis bestätigt, dass ich mich nicht vertippt habe.

Der Zähler steht wie beim ersten Mal genau zehn Silberlinge im roten Bereich. Ich schaue mich nach einer Verkäuferin um und frage sie, ob sie mir behilflich sein könnte. Zu zweit ließe es sich bedeutend einfacher zählen. Sie könnte die Preise nachsehen und ich diese im Rechner eintippen, schlage ich ihr vor. Die Verkäuferin muss aber dringend das Dosenregal nachfüllen und läuft davon. Ich überlege mir eine Sekunde lang, ob ich sie an den Haaren zu mir zurückziehen sollte, lasse es aber beim Gedanken bewenden. Meine guten Manieren sträuben sich gerade noch rechtzeitig dagegen. Warum bloß werde ich dermaßen aggressiv beim Einkaufen? Ich erkenne mich kaum wieder. Eine zweite Verkäuferin mit einem langen, griffigen Zopf kreuzt meinen Weg. Sie sei eigentlich nicht zuständig für die Kundenbetreuung, hätte mir aber dennoch gerne ausgeholfen. Doch leider habe sie ihre Lesebrille im Lager liegen lassen und müsse jetzt sowieso auf Geheiß ihres Chefs das Kleingedruckte auf den Hustenbonbons zwanzig Mal abschreiben zur Strafe dafür, dass sie heute Morgen zu spät zur Arbeit erschienen sei. Daher könne sie ihre kostbare Zeit unmöglich für mich vergeuden. Kaum hat sie es gesagt, ist sie von der Bildfläche verschwunden. Frustriert schleiche ich mich an einen Angestellten heran, um ihn am Schopf zu packen und zu Boden zu werfen, damit er mir nicht entrinnen kann. Flink reiße ich ihm die Mütze vom Kopf, aber weil sich darunter lediglich eine Glatze befindet, greife ich prompt ins Leere. „Haarkontrolle!", rufe ich dem verdutzten Mann ins Mittelohr. „Oben ist alles in Ordnung, aber der Bart muss auch weg. Dort drüben gibt es Rasierapparate. Und ab die Post!" Ich schubse ihn mit Nachdruck in Richtung Elektroabteilung. Nach einem unmissverständlichen Klaps auf die Gesäßmuskulatur macht sich der Überführte gebeugten Hauptes auf den Weg zur Besserung.

✩

Mir bleibt nichts anderes übrig, als meiner Rechenkunst zu vertrauen und mich Richtung Kasse zu begeben, in der Hoffnung, dass sich dort mein Problem in Luft auflöst. Noch mehr hoffe ich insgeheim, dass man auch an der Kasse keine Zeit für mich vergeuden wird und ich gezwungenermaßen portofrei passieren müsste. Aber die geduldige Sabrina nimmt sich immer Zeit für mich. Wenigstens fühle ich mich geschmeichelt und rechne mir gute Chancen aus, dass sie mir vielleicht heute die Backpfeifen auf die Wangen drückt. Aber zunächst spielt Sabis Kasse verrückt. Zufälligerweise hat sie dasselbe Problem wie mein Rechner. Genau wie dieser weist sie zehn Silberlinge zu viel gegenüber meinem Budget aus. Ich bitte Supersabi, ihren Apparat schnell zu reparieren, doch sie lehnt dankend ab. Sie habe kein Werkzeug dabei und sowieso sei sie technisch völlig unbegabt, gibt sie mir zu verstehen. Ich falle auf die Knie und flehe sie an, ihrer Kasse wenigstens gut zuzureden. Oder diese solange energisch zu schütteln, bis sie wieder funktioniert. Mir zuliebe gibt sie ihr Bestes und rüttelt überraschend kraftvoll an dem defekten Teil. Dabei fallen einige Münzen und ein Geldschein zu Boden. Insgesamt rieseln wunderbare hundertelf Silberlinge hinab, direkt vor meine schmerzenden Knie. Ich lese sie flugs zusammen, damit niemand aus Versehen darüber stolpert. Weil ich ein aufrichtiger Mensch bin, gebe ich die hundert Silberlinge natürlich der rechtmäßigen Besitzerin Sabrina zurück. Der Rest steht mir als Finderlohn zu. Davon verschenke ich zehn Silberlinge dem inzwischen herbei geeilten Filialleiter mit der Bemerkung, er möge die Spende für die Reparatur der Kasse bitte annehmen. Damit betrachte ich die infolge des technischen Defekts entstandene Rechnungsdifferenz als ausgeglichen und wir sind quitt, das Kaufhaus und ich. Für mich bleibt gar ein Silberling übrig. Der nette Filialleiter schenkt mir einen Einkaufsgutschein von der Konkurrenz und zeigt mir auf der Karte, wo sich deren nächster Laden befindet, bevor er mich persönlich aus dem Supermarkt hinausbegleitet. Ehrlichkeit zahlt sich eben aus.

✯

Während ich daheim meine Errungenschaften auspacke, überlege ich mir, was ich mit dem defekten Taschenrechner anstellen soll. Wie viel die Reparatur wohl kosten mochte? Mein Silberling würde kaum für ein oberflächliches Betrachten des Geräts durch den Mechaniker ausreichen. Da kann ich genauso gut selber einen flüchtigen Blick darauf werfen. Soviel Talent gestehe ich mir zu. Ich unternehme einen Reparaturversuch und schüttle das Teil, bis ihm schwindlig wird. Dann sehe ich auf dem Boden nach, ob Geld herausgefallen ist. Schließlich hat Sabrinas Rechenmaschine während des Schüttelns auch Münzen geregnet. Bei Meiner ist das leider nicht der Fall. Ich lege die eingekauften Waren sorgfältig auf dem Boden aus. Um zu prüfen, ob der Taschenrechner jetzt wieder funktioniert, rechne ich nochmals nach. Fehlanzeige! Als Abfindung für die vergebliche Mühe bezahle ich mir einen Silberling aus. Es ist mein Letzter und somit bin ich bankrott, aber zum Glück verdiene ich gleichzeitig einen Silberling und besitze nun wieder einen.

✧

Nachdenklich betrachte ich meinen Einkauf. Irgendetwas stimmt damit nicht. Ich habe das dumpfe Gefühl, dass sich etwas unbemerkt in meinen Warenkorb eingeschlichen hat. Um Licht ins Dunkel zu bringen, bleibt mir nur ein erneuter

Abgleich mit der Liste. Allmählich habe ich es satt. Ein Liter Milch, ein Kilogramm Brot, ein Bettflaschenöffner, ein Haartrockner für Perückenträger, zwei Tuben Gummibootventilkappenschmiermittel, drei Beutel Spezialbackpulver für extra fluffige Knäckebrötchen, fünf blaue Peperoni...

Aber natürlich! Die Peperoni! Wie konnte ich sie bloß vergessen? Lange habe ich in den Läden vergeblich nach ihnen gesucht. Ich habe nie verstanden, warum es die Lebensmittelindustrie nicht zustande bringt, blaue Peperoni auf den Markt zu bringen. Schließlich gibt es schon seit vielen Jahren viereckige Melonen, superflache Tomaten, Kopfsalat im Afro-Look und was man sich sonst alles vorstellen kann. Nun hat sich die Züchtung blauer Peperoni als denkbar einfach erwiesen. Man kreuzte eine grüne Peperoni mit einem Tintenfisch. Voilà! Da lagen sie endlich im Gemüseregal und ich habe sie schnell eingepackt. Ich verstehe sehr gut, dass ich mir diese Gelegenheit nicht entgehen ließ. Ich hätte das auch getan. Zugegeben, die farbliche Auswahl bei den Peperoni ist auch ohne die Blauen bereits reichhaltig. Es gibt sie schließlich schon lange in grün, rot, gelb und orange. Aber blau schmecken sie mir am besten. Zwar habe ich noch nie welche gekostet. Trotzdem kann ich das sehr gut beurteilen, denn wie man weiß, isst das

Auge mit. Dabei kommt dem Auge eine viel größere Bedeutung zu, als uns das Sprichwort weismachen will. Es isst nicht nur mit, es dominiert unseren Geschmacksinn. Ziehen Sie einem Freund eine Augenbinde an. Er wird nicht mehr erkennen, was Sie ihm in den Mund stecken. Probieren Sie's aus, sie werden staunen!

✩

Was wollte ich noch sagen? Jetzt weiß ich es nicht mehr. In letzter Zeit bin ich ziemlich vergesslich. Womöglich liegt es daran, dass ich kaum mehr kopfrechne, seit ich vom Taschenrechner abhängig bin. Ich habe keine Ahnung wohin das führen wird, dermaßen vergesslich bin ich bereits.

Und es gibt ihn doch

Aus zuverlässiger Quelle habe ich erfahren, dass es auf dem Mars Hasen gibt. Ich habe meinem Informanten versprochen, seinen Namen geheim zu halten, um seinen Lehrstuhl an der Harvard Universität nicht zu gefährden. Die sensationelle Entdeckung ist nämlich streng wissenschaftlich betrachtet noch nicht vollständig belegt. Soviel man bis jetzt weiß, haben die Marshasen einen von Kopf bis Fuß grün gefärbten Pelz. Ich frage mich, warum sich die Lebewesen unseres Nachbarplaneten von Geburt an vollständig grün einkleiden, wo doch dort oben sonst alles rot ist. Der Himmel ist rot, die Steine, der Sand, aber nicht so die Hasen. Vielleicht hat ihnen die Evolution eine Grünfärbung verpasst, damit sie schon von Weitem gut zu erkennen sind. Grün auf Rot eignet sich für diesen Zweck hervorragend, da die beiden Farben bekanntlich in optimalem Kontrast zueinander stehen. Nun könnte man meinen, dass es für Marshasen ziemlich unvorteilhaft ist, wenn sie quasi auf dem Serviertablett ausgestellt jedem hungrigen Spaziergänger sofort ins Auge stechen. Trügen sie ein rotes Gewand, fiele das Risiko, in der Bratpfanne des Spaziergängers oder aber als Mittagessen eines umherstreunenden Fuchses zu enden, wesentlich geringer aus. Schneehasen haben genau aus diesem Grund einen weiß gefärbten Pelz. Offenbar gibt es aber keine Marsfüchse. Zumindest fand man bis heute keine Indizien, die deren Existenz belegen würden. Hungrige Spaziergänger trifft man auf dem roten Planeten zudem eher selten an. Somit haben die Marshasen keine Fressfeinde. Sie befinden sich also nicht in unmittelbarer Lebensgefahr, wenn sie sich ins Rampenlicht begeben. Das trifft sich gut, denn dies zu tun ist für die Marshasen höchstwahrscheinlich von existentieller Bedeutung. Nur wenn Häsin und Hase in der eintönigen Gegend zueinander finden, können sie heiraten und Kinder bekommen, damit sie nicht aussterben. Aufgrund ihrer perfekten Tarnung haben die Schneehasen diesbezüglich erhebliche Probleme. Es erstaunt darum nicht, dass unter ihnen der Anteil an Singles wesentlich höher ausfällt als bei den marsianischen Artgenossen.

✫

Möglicherweise haben aber die Marshasen aus einem ganz anderen Grund ihre unverkennbare Färbung angenommen. Wie die Marsmenschen statten auch die Marshasen uns Erdlingen regelmäßig einen Besuch ab. Sind sie auf der Erde gelandet, verstecken sie sich sofort in den saftig grünen Wiesen. Im hohen Gras sind sie praktisch unsichtbar und bleiben uns deshalb meistens verborgen. Warum sie sich uns nicht zeigen wollen, weiß niemand. Vielleicht hatten sie dereinst schlechte Erfahrungen mit unseren Vorfahren gemacht. Man nimmt aber an, dass sie von diesen nicht gejagt wurden. Die Archäologen fanden bislang weder grüne Felle in den Pharaonengräbern noch Marshasenknochen in der Nähe steinzeitlicher Feuerstellen. Wie dem auch sei, die Marshasen kommen jedes Jahr im Frühling zur Osterzeit zu uns und bringen Ostereier und Schokoladenhasen mit, die sie heimlich in unseren Gärten verstecken, damit wir diese finden und erkennen, dass sie in friedlicher Absicht gekommen sind. Bei den Osterhasen handelt es sich also in Tat und Wahrheit um Marshasen. Wer hätte das gedacht! Mit dieser Erkenntnis halten wir ein untrügliches Indiz in Händen, das unmittelbar auf die Existenz der Marshasen hinweist. Gleichwohl erkennen erwachsene Erdlinge das marsianische Langohr selbst dann nicht, wenn es ihnen direkt vor der Nase über den Weg läuft, denn sie können unmöglich sehen, was in ihren Augen gar nicht existiert. Nur Gretel und die anderen Kinder, die dem Osterhasen schon selber begegnet sind, schämen sich deswegen nicht und sprechen in aller Offenheit darüber. Allerdings nur solange sie noch nicht zur Schule gehen. Spätestens dort weht ihrer blühenden Fantasie ein schulmeisterlicher Wind entgegen. Die Verbannung des Osterhasen aus den Köpfen unserer Kleinen hat sich in Gretels Fall wie folgt abgespielt:

Gretel berichtete während der Deutschstunde begeistert, dass sie am Vortag des Osterfestes auf dem Nachhauseweg beobachtete, wie ein grasgrünes, vierbeiniges Geschöpf mit langen Ohren über die Wiese huschte. Ihr war sofort klar: Das war der Osterhase! Der Lehrer erklärte ihr daraufhin verständnisvoll lächelnd, dass es keine Osterhasen gibt, erst recht keine grünen. Gretel fragte den Herrn Lehrer, ob er denn selber noch nie einen gesehen hätte, was dieser selbstverständlich verneinte. Darüber freute sich Gretel, denn sie hatte dem Herrn Lehrer soeben etwas beigebracht, was dieser noch nicht wusste und sie munterte ihn dazu auf, nächstes Jahr doch selbst nach dem Osterhasen Ausschau zu halten. Vielleicht gelänge es ihm ja sogar, ein Foto zu machen, meinte sie. Ihre Freude währte nur kurz, denn der Herr Lehrer nahm den Taktstock hervor und wies die Klasse an, Gretel im Chor lautstark auszulachen. Gretel wurde flau im Magen und sie versicherte kleinlaut, sie sei nicht schuld daran, dass der Osterhase grün wie ein Laubfrosch daherkomme. Dafür wurde sie von ihren Mitschülern erneut ausgelacht, diesmal ohne Anweisung des Herrn Lehrers, was diesen wütend machte und er der ganzen Klasse eine saftige Kollektivstrafe aufbrummte. Welch verheerende Auswirkung die pädagogische Maßnahme auf das Verhältnis der Klasse gegenüber Gretel hatte, dürfte klar sein. Gretel verstand überhaupt nichts mehr und beschloss verzweifelt, nie mehr ihren eigenen Augen oder Ohren zu trauen und sich stattdessen nur noch der Meinung des Herrn Lehrers anzuschließen. Hiermit war Gretel geheilt. Zwar brach für sie eine schöne, kleine Welt in sich zusammen, aber wo käme die Gesellschaft hin, wenn jeder seine eigene Meinung vertreten würde. Doch wer weiß, soweit es den Osterhasen betrifft, ändert sich der Standpunkt unserer Zivilisation vielleicht schon bald, denn die Menschheit hat in den letzten Jahrzehnten bemerkenswerte technologische Fortschritte gemacht. Heutzutage sind wir in der Lage, Raketen bis zum Mars zu senden und Sonden auf dem Nachbarplaneten abzusetzen. Damit erforschen wir seine Oberfläche, erkunden die Umgebung und suchen nach Spuren außerirdischer Nachbarn. Die Sonden übermitteln uns gestochen scharfe, fantastische Bilder vom Mars zur Erde. Dummerweise befand sich bisher noch nie ein Schnappschuss eines Marshasen darunter. Die Wissenschaftler sind deshalb überzeugt, dass auf dem Mars kein Leben existiert. Dabei begehen sie den fatalen Trugschluss, eine Momentaufnahme als allgemeingültigen Zustand anzunehmen. Sie lassen völlig außer Acht, dass die bisherigen Marsmissionen jeweils im Frühling stattfanden, also ausgerechnet immer dann, wenn sich die Marshasen bei uns in Urlaub befanden. Ich werde unverzüglich beim Weltraumforschungszentrum

anrufen und die Wissenschaftler auf ihren Denk-
fehler hinweisen, sonst dauert es womöglich wieder Jahrzehnte, bis eine nachfolgende Generation
den Irrtum aufdeckt.

Wovon ernähren sich Marshasen eigentlich in ihrer
Heimat? Dort wachsen weder knackige Karotten
noch saftige Kräuter. Wo wohnen sie und warum
hinterlassen sie nirgends Spuren? Sind sie gar in
der Lage, Photosynthese zu betreiben und den
Sauerstoff, den sie zum Atmen benötigen, selber
zu produzieren? Sind sie vielleicht deshalb so
grün? Es gibt noch viele offene Fragen. Ich finde es
erstaunlich, wie wenig wir Menschen trotz aller
Fortschritte über die wesentlichen Dinge des Lebens wissen und ich bin guter Dinge, dass uns
Meister Lampe vom roten Planeten irgendwann
einen faszinierenden Einblick in seine wohlbehüte-
ten Geheimnisse bescheren wird. Wir dürfen darauf gespannt sein. Nur manchmal zweifle ich
daran, ob wir das Mysterium um die geheimnis-
umwitterten Marshasen jemals auflösen werden.
Denn wer weiß, vielleicht ist alles ganz anders und
es gibt sie doch nicht. Schlussendlich ist meine
zuverlässige Informationsquelle nur ein Professor.
Auch Professoren irren sich ab und dann. Darum
melde sich bitte, wem irgendwo, irgendwann ein
grünes Geschöpf mit Stummelschwanz und langen

Ohren über den Weg gelaufen ist. Wenn Sie sich genieren darüber zu sprechen und lieber unerkannt bleiben möchten, dürfen Sie mir gerne einen anonymen Brief schreiben. Ich werde Ihre Adresse ausfindig machen und Ihre Erlebnisse zusammen mit Ihrem Portrait in einem meiner nächsten Bücher veröffentlichen, damit meine werten Leserinnen und Leser etwas zu lachen haben. Ich versichere Ihnen, wer Aurelio Andersons Bücher liest, lacht aus purer Lebensfreude.

Fröhliche Ostern!

Schlüssel zum Universum

Moderator: „Herr Doktor Max Platt, Sie glauben, das Rätsel über die Entstehung des Universums gelöst zu haben?"

Herr Platt: „Jein."

Moderator: „Was? Wieso jein?"

Herr Platt: „Nein, ich glaube das nicht, ich weiß es. Ja, ich habe das Rätsel gelöst."

Moderator: „Nun gut, könnten Sie uns bitte Ihre Theorie darlegen?"

Herr Platt: „Das ist nicht einfach nur eine Theorie, lieber Herr. Meine These basiert auf wissenschaftlich hergeleiteten Fakten und gilt nach streng angewendeten physikalischen und mathematischen Grundprinzipien als so gut wie bewiesen."

Moderator: „Verzeihung, natürlich! Bevor Sie uns nun aber Ihre These erläutern, verraten Sie uns doch, wie Sie darauf gestoßen sind."

Herr Platt: „Nun, ich gebe zu, der Anstoß erfolgte aus reiner Intuition aufgrund eines zufälligen Ereignisses. Aber das ist bei wirklich fundamentalen Erkenntnissen fast immer der Fall. Ich war zur Geburtstagsparty meines besten Freundes eingeladen. Auf dem Grill brutzelten die verlockend duftenden Bratwürste. Da ging mir der Text eines bekannten Liedes durch den Kopf: ‚Alles hat ein Ende nur die Wurst hat zwei'."

Moderator: „Aha."

Herr Platt: „Ja, heureka! Mir wurde bewusst, dort auf dem ordinären Grill lag der Schlüssel zum Universum quasi zu meinen Füßen. Ich brauchte ihn nur noch aufzuheben."

Moderator: „Wie haben Sie das gemacht? Ein angefeuerter Grill ist doch furchtbar heiß."

Herr Platt: „Ich habe lange über den Text nachgedacht. Nüchtern betrachtet ist er nicht vollständig. Denn alles, was ein Ende hat, muss auch einen Anfang haben. Und wenn es sogar zwei Enden aufweist, dann müssten doch auch zwei Anfänge zu finden sein. Ich schnappte mir eine der Bratwürste und legte sie quer vor mich hin. Tatsächlich erkannte ich sofort die beiden Enden, eines links, das andere rechts."

Moderator: „Nein sowas!"

Herr Platt: „Doch. Ich wusste genau, ich war jetzt ganz nah am Ziel. Da fehlte nur noch ein winziges Mosaiksteinchen. Ich musste nicht lange suchen, bis ich es fand!"

Moderator: „Was Sie alles finden!"

Herr Platt: „Ich erweiterte meinen Horizont und bezog das komplex-dynamische Verhalten des raumzeitlichen Gefüges in meine Betrachtungen mit ein. Streng genommen war mein rechter Fuß für die Bewusstseinserweiterung verantwortlich, denn dieser stieß versehentlich gegen den Partytisch, sodass sich die Wurst um neunzig Grad drehte und deren linkes Ende nun gegen mich zeigte. Doch siehe da! Das Ende offenbarte sich jetzt nicht mehr als ein Ende, sondern vielmehr als ein Anfang. Von dem mir zugewandten Ursprung der Wurst ging es nach hinten gegen das Ende zu. Um das Ende genauer zu sehen, drehte ich es gegen mich, aber es wandelte sich während des Drehvorgangs und mutierte daselbst zum Anfang. Aus dem Anfang jedoch wurde das Ende."

Moderator: „Sagenhaft! Und so genial trivial."

(Tosender Applaus und laute Bravorufe aus dem Publikum)

Moderator: „Demnach entspricht unser Universum also einer gigantischen, rotierenden Bratwurst? Wer hätte das gedacht."

Herr Platt: „Rein bildlich betrachtet schon, ja."

Moderator: „Gut. Und Sie glauben nun, mithilfe Ihrer Theorie - Verzeihung, Ihrer Beweisführung - alle noch offenen Fragen beantworten zu können?"

Herr Platt: „Aber sicher. Der Schlüssel zum Universum öffnet bekanntlich alle Türen. Haben sie eine?"

Moderator: „Eine Türe?"

Herr Platt: „Nein, eine ungeklärte Frage."

Moderator: „Ach so. Ja, die habe ich. Wer war es denn wirklich? Das Huhn oder das Ei?"

Herr Platt: „Wie bitte?"

Moderator: „Nun ja, war zuerst das Huhn da oder war es das Ei?"

Herr Platt: „Lassen Sie mich nachdenken..."

Moderator: „Nehmen Sie sich Zeit. Ich gebe inzwischen die Frage an das werte Publikum weiter. Hat vielleicht jemand unter Ihnen eine Idee?"

Hänsel: „Ja, ich. Das Ei wars natürlich."

Herr Platt: „Soso, warum denn?"

Hänsel: „Das ist doch fast so einfach wie die Geschichte mit der Universumwurst. Hühner schlüpfen aus Eiern, sofern man diese nicht kocht. Wäre also das Ei nicht schon da gewesen, hätte das Huhn nicht daraus schlüpfen können."

Herr Platt: „Ja schon, aber woher stammt dann das Ei?"

Hänsel: „Natürlich von einem anderen, einem älteren Huhn."

(Gelächter)

Moderator: „Hmm."

Herr Platt: „............"

Hannelore: „Wie bitte? Sie vergleichen das Universum allen Ernstes mit einer ordinären Bratwurst? Ich bin ein wenig enttäuscht von Ihnen, Herr Platt. Ich hoffe, Sie stimmen mir zu, dass das Universum einzig mit einer Currywurst vergleichbar ist."

Herr Platt: „Nun ja, da haben Sie vielleicht recht. Ich werde darüber nachdenken."

Arnoldo: „Che sciocchezza! Das Universum ist einzigartig! Man kann das doch nur mit einer einzigartig delikaten Salami vergleichen.

Herr Platt: „Also das geht ja nun gar nicht."

Moderator: „Bitte, meine Herren!"

Feministin: „Das Universum soll eine Wurst sein? Das ist ja lächerlich. Typisch Mann! Denkt immer nur an das Eine."

Herr Platt: „Ich denke ans Essen, wann ich will."

Feministin: „Davon rede ich nicht. Sie wissen genau, was ich meine."

Herr Platt: „Liebe Frau, ich muss doch bitten! Das ist eine infame Unterstellung. Schließlich heißt es: ‚die‘ Wurst. Femininer geht es wirklich nicht. Und überhaupt, ohne Wurst hätte ich die Lösung niemals gefunden."

Feministin: „Macho!"

Herr Platt: „Es ist mir Wurst, was Sie von mir halten."

Feministin: „Sie Mann, Sie!"

(laute Buhrufe)

Herr Platt: „Rauchwurst, Blutwurst, Leberwurst."

Moderator: „Besten Dank für das Gespräch. Guten Abend und auf Wiedersehen."

(Das Publikum beginnt, Witze zu erzählen)

Hänsel: „Herr Platt, haben Sie vielleicht eine Ansichtskarte von der Universumwurst?"

Herr Platt: „Ich wüsste nicht, wozu das gut sein sollte."

Hänsel: „Ich möchte sie gerne meinem Hund schicken."

(tosendes Gelächter)

Moderator: „Auf Wiedersehen!"

Gustav Brötchen: „Der sparsame Eduard kam an einem Würstchenstand vorbei. ‚Oh, wie das duftet! Auf dem Rückweg muss ich unbedingt noch einmal daran vorbei laufen.‘"

(die Menge tobt)

Moderator: „Aus!"

Der Moderator flüchtet von der Bühne. Die Feministin verlässt schimpfend den Saal. Das Publikum singt das Würstchenlied und tanzt dazu auf den Stühlen. Herr Platt rauft sich die Haare.

Und so wiederholte sich ein weiteres Mal eine kleine Tragödie: Das wahre Genie wurde wie so oft erbarmungslos verkannt.

Einen Augenblick, bitte

Die Karotten waren kleingeschnitten, der Salat angerichtet, die Käseplatte perfekt garniert und der Wein entkorkt. Meine Lieblinge waren noch nicht vom Strand zurück. Es gab nichts mehr zu tun und keiner war da, der etwas von mir erwartete. Genau jetzt tauchte jemand urplötzlich aus dem Nichts auf. Der ungestörte Augenblick erscheint immer in solchen Situationen. Schließlich ist das seine Bestimmung. So wie ich das Rüstmesser beiseitelegte, befand er sich neben mir und forderte meine volle Aufmerksamkeit. Wie vom Blitz aus heiterem Himmel getroffen stand ich traumatisiert da und wusste nicht mehr weiter. „Was soll ich jetzt tun?", dachte ich mir. „Was um Himmels willen soll ich bloß tun?" „Hinsetzen!", kam als Antwort vom Himmel herab. „Hinsetzen sollst du dich und endlich einmal gar nichts tun." Die Aufforderung von höchster Stelle wirkte wie pures Balsam auf meine Arbeitszeitverletzungen. Ich folgte den Anweisungen, setzte mich hin und fühlte mich erleichtert. Entspannt lehnte ich mich im Sessel zurück. Den unvorhergesehenen Besucher forderte ich auf, Platz zu nehmen und sich ein wenig auszuruhen. Der ungestörte Augenblick wirkte sichtlich überrascht. „Möchtest du wirklich, dass ich bleibe?", fragte er mich unsicher. „Aber ja!", ermunterte ich ihn. „Komm! Nehmen wir einen Aperitif zusammen!" Er zögerte kurz, bevor er antwortete. „Gut! Aber nur für einen Augenblick. Dann muss ich weiter." „In Ordnung, einen ungestörten Augenblick lang", erwiderte ich schmunzelnd. Mein Gast konnte es nicht fassen. Noch nie hatte ihn jemand zum Aperitif eingeladen. „Warum tust du das?", wollte er wissen. „Es hat sich spontan so ergeben und ich habe gerade Zeit. Außerdem werde ich das Gefühl nicht los, dass ich dich kenne. Sind wir uns schon einmal begegnet?" „Ja, vor genau zwanzig Jahren", erwiderte er. „Ich erinnere mich sehr gut daran. Du hast alleine im Wartezimmer deines Zahnarztes gesessen. Als ich eintrat, wurdest du nervös. Mit einem Mal überkam dich das dringende Bedürfnis, an den Fingernägeln zu kauen. Du fragtest bei der Assistentin nach, wie lange es noch dauern würde, bis du an der Reihe wärst. Sie meinte, du müsstest dich noch etwa zehn Minuten gedulden. Überstürzt hast du daraufhin die Praxis verlassen, um rasch ein paar dringende Kommissionen zu tätigen. Kaum warst du weg, betrat die Assistentin das Wartezimmer. Die Behandlung des Patienten, der vor dir an der Reihe war, hätte weniger lang gedauert als angenommen und der Herr Doktor könne dich nun empfangen, versuchte sie dir mit umherschweifendem Blick mitzuteilen. Endlich realisierte sie, dass ihr außer mir niemand zuhörte. Ich bot ihr an, bis zu deiner Rückkehr als Ersatzpatient einzuspringen. Sie ging auf das Angebot ein und führte mich in den Behandlungsraum. Ich erklärte dem Herrn Doktor, dass ich noch nie beim Zahnarzt gewesen wäre und bat ihn mir zu sagen, wie ich ihm behilflich sein könne. Der Doktor sah mich entgeistert an, bekam ein Loch im Backenzahn, um das er sich sofort kümmern musste, und warf mich hochkantig zur Praxis hinaus." „Hmmm…", brummte ich nachdenklich. Wenigstens wusste ich nun, warum mein Zahnarzt damals die Wurzelbehandlung durchführte, ohne mir vorher eine Narkose zu verpassen. Für eine Weile saßen wir einfach nur da und schwiegen. Dann fragte mich der ungestörte Augenblick: „Hast du nicht das Verlangen, ungeduldig mit den Fingern auf der Tischplatte zu trommeln?" Eigenartigerweise hatte ich das nicht. Ich war zufrieden und glücklich. „Weißt du, viele Menschen sehnen mich insgeheim herbei", erzählte er weiter. „Aber sobald ich da bin, versuchen sie, mich möglichst schnell wieder loszuwerden. Störe ich dich wirklich nicht?", fragte er erneut. „Wenn du das tätest, dann wärst du vermutlich nicht mehr hier", entgegnete ich ihm. „Ich muss aber gestehen, dass ich beinahe wieder das Weite gesucht hätte, als du jäh aus dem Nichts aufgetaucht bist. Du hast mich regelrecht überrumpelt. Zudem dachte ich mir, ich könne nicht zulassen, dass die Welt in eine Krise schlittert, weil ich unproduktiv dasitze und Zeit für mich selbst verschwende. Übrigens hast du ein sehr gutes Gedächtnis. Wie du dich an jede Einzelheit von damals erinnerst, finde ich erstaunlich." „Ja, aber womöglich hast du recht", zweifelte mein Gast. „Dein Vorgesetzter ärgert sich vermutlich darüber, dass du meinetwegen nutzlos hier herumhängst." Ich sah ihm an, dass ihn das schlechte Gewissen heimsuchte. „Im Gegenteil!", erwiderte ich. „Ich habe nur einen Chef. Den besten, den es gibt! Er hat mir soeben höchstpersönlich eine ausgiebige Pause verordnet." Das schlechte Gewissen forderte ich auf, sich zu uns zu setzen. „Nimm Platz und lass ab von meinem Freund! Es gibt keinen Grund, ihn zu quälen." Das schlechte Gewissen war verblüfft, dass ich es sehen konnte und überdies noch mit ihm redete. Es setzte sich hin und kniff sich in den Arm. Das allererste Mal im Leben hatte es sich selbst. „Komm, trink etwas mit uns!", versuchte ich es abzulenken. „Vielen Dank! Das habe ich jetzt dringend nötig. Etwas derart Verrücktes ist mir noch nicht untergekommen. Überdies hatte ich nicht die leiseste Ahnung, wie unangenehm ich sein kann." Das schlechte Gewissen entschuldigte sich beim ungestörten Augenblick. „Es tut mir Leid, dass ich dich zu Unrecht behelligt habe." „Lass gut sein!", meinte der ungestörte Augenblick versöhnlich. „Sich irren liegt nun einmal in der

176

Natur des Gewissens." Das schlechte Gewissen fasste frischen Mut und mochte wieder hoffen, dass es besser sei als sein miserabler Ruf. „Setzt euch! Ihr habt bestimmt einen Bärenhunger", forderte ich den frischen Mut, den miserablen Ruf und den Bärenhunger auf.

✰

Und so fand an meinem Tisch eine bunt gemischte Gruppe hochkarätiger Gäste zu einer wahrhaftig illustren Runde zusammen, wie es sie vermutlich noch nicht gegeben hat. Mit einem guten Glas Wein stießen wir auf unsere Freundschaft an. Der würzige Käse und die delikaten Häppchen, die ich für meine Lieblinge zubereitet hatte, schmeckten köstlich. Wir führten interessante Gespräche und amüsierten uns blendend. „Was meinst du?", fragte die gute Idee das schlechte Gewissen. „Wollen wir die Rollen tauschen? Nur für einen Tag. Ich hätte endlich die Gelegenheit, mit einigen meiner Klienten ein längst fälliges Hühnchen zu rupfen. Wer sich damit brüstet, er habe seinen Erfolg nicht mir, sondern einzig sich selbst zu verdanken, hat eine kleine Abreibung verdient. „Findest du nicht auch, Aurelio?" Mir war nicht ganz klar, warum sich die gute Idee mit einem leisen Unterton in der verheißungsvoll klingenden Stimme ausgerechnet an mich wandte. „Nimm Platz!", sagte ich zum gerupften Hühnchen. Dem schlechten Gewissen gefiel der Vorschlag und auch die anderen waren restlos begeistert. So tauschten wir untereinander die Rollen aus. Der ungestörte Augenblick schlüpfte in die Haut der illustren Runde. Der frische Mut stieg in die Fußstapfen des Bärenhungers. Letzterer nahm sich meinen Alltag vor, derweil ich die Gelegenheit beim Schopf packte, die Welt für einmal aus der Perspektive des ungestörten Augenblicks zu erkunden.

☆

Da hörte der Bärenhunger von Ferne meine Lieblinge kommen. „Entschuldigt bitte, aber ihr müsst jetzt gehen", teilte er mir und meinen Freunden mit. „Ist schon gut", antwortete ich verschmitzt. „Wir wollten sowieso aufbrechen. Unsere Kundschaft erwartet uns. Eventuell. Vielleicht aber auch nicht." „Wenn ihr mögt, dann kommt doch morgen wieder um dieselbe Zeit", rief uns der Bärenhunger hinterher. „Ich würde mich freuen". Mit einem leisen „Plopp" waren wir weg, einfach verschwunden wie geplatzte Seifenblasen, als wären wir nie da gewesen. Aber die Spuren, die wir hinterließen, waren nicht zu übersehen. Da standen leere Teller und Gläser auf dem Tisch. Vom Essen blieb nichts mehr übrig und der Wein war ausgetrunken. „Ich erhielt Besuch, während ihr am Strand wart, und wir haben ein wenig gefeiert", erklärte der Bärenhunger meinen Lieblingen verlegen. Meine Lieblinge wollten wissen, wer alles hier war, wer er eigentlich sei und wo ich hingegangen bin. „Ich bin die Stellvertretung. Den Rest würdet ihr mir sowieso nicht glauben. Kommt, wir gehen essen. Gleich um die Ecke gibt es ein gutes Restaurant."

✧

Während also meine Lieblinge mit dem Bärenhunger essen gingen, tauchte ich in meine neue Rolle ein und erlebte dabei die erste große Überraschung: Ich hatte überhaupt keinen Einfluss darauf, wohin meine Reise führte. Ich wurde einfach wegkatapultiert. Einmal hierhin, ein andermal dorthin. Überall, wo sich jemand ungestört wähnte, tauchte ich unversehens auf. Manchmal war ich an mehreren Orten gleichzeitig, sodass ich währenddessen mehrfach existierte. Für mich war das ein völlig neues Lebensgefühl. Ich stellte mir vor, wie ich von nun an jeden Tag mit meinen Freunden Tennis spielen könnte, während ich nebenbei meine Arbeit verrichtete. Leider funktionierte es später in der Praxis nicht so, wie ich mir das erträumt hatte. Während meine Knochen hart arbeiteten, hingen meine Gedanken dem Spiel nach. Der Rest von mir blieb aus Protest daheim im Bett. Nun aber wurde ich auf weit abgelegene Inseln inmitten des Ozeans und an andere traumhafte Ferienziele entsandt. Ich tauchte an den wunderschönen Sandstränden auf und verursachte zahlreiche Massenfluchten. Hals über Kopf stürzten sich die Menschen ins offene Meer, um mir zu entrinnen. Offensichtlich wussten sie instinktiv, dass sie weit draußen bei den Haien vor mir sicher waren. Ungestörte Augenblicke können nämlich nicht schwimmen. Das ist auch gut so. Eine Massenpanik im Wasser zöge mit Bestimmtheit fatale Folgen nach sich. Auf den Malediven hätte ich liebend gerne einen längeren Zwischenhalt eingeschoben. Der Besuch dauerte aber leider nur kurz. Die Feriengäste nahmen gerade am Unterhaltungsprogramm ihres Reiseveranstalters teil. Es dauerte von acht Uhr morgens bis sechs Uhr abends. Die Teilnahme war obligatorisch. Wer sich widersetzte und fernblieb, durfte beim Nachtessen nur zusehen und musste mit leerem Magen ins Bett. Folglich entschieden sich die meisten Gäste dafür, vom großzügigen Angebot zu profitieren. Der Strand blieb darum fast menschenleer. Nur mein hiesiger Klient lag widerspenstig im Liegestuhl am Meer und genehmigte sich in aller Ruhe ein ausgiebiges Sonnenbad. Er liebte das Risiko und nahm es in Kauf, gegebenenfalls auswärts essen zu müssen. Als ich ihm gegenübertrat und zur Begrüßung die Hand reichen wollte, musste er dringend surfen gehen. Anschließend wollte er an einer ausgelassenen Party auf der anderen Seite des Eilands teilnehmen, um hinterher zum obligatorischen Ausflug mit den Schwiegereltern aufzubrechen. Weiß der Geier, wie vielen Terminen er insgesamt nachjagte während seinen wohlverdienten, erholsamen Ferien, um mich dauerhaft auf Distanz zu halten.

☆

Schon bald stellte ich fest, dass ich bei diesem Job selber nie zur Ruhe kam. Stets befand ich mich mindestens an einem Ort irgendwo auf der Welt im Dauereinsatz. Dieser Umstand zehrte heftig an meinen Kräften. Mein Biorhythmus verlor komplett die Orientierung. Um vier Uhr nachmittags kam ich im sonnigen Hongkong an. Ich sprengte eine Menschenmenge auseinander, die sich gemeinsam beim Tai Chi erholte. Zwei Minuten später befand ich mich in New York. Der Zeiger stand auf fünf Uhr morgens. Die Dämmerung setzte ein. Die beiden Einbrecher legten ihre Arbeit nieder und suchten fluchend das Weite, als ich mich ihnen unauffällig näherte. Dabei wollte ich ihnen bloß helfen, die schwer beladenen Taschen zu tragen. Schon musste ich wieder weiterziehen. Kurz darauf traf ich in Las Vegas ein. Dort landete ich im Schlafzimmer eines glücklich verheirateten Ehepaars. Es war ihre erste gemeinsame Nacht seit fünfzehn Jahren, in der die Gattin nicht darauf bestand, ihrem Mann vor dem Einschlafen alles Wissenswerte über die kostbaren Schätze ihrer Handtaschenkollektion zu berichten. Die Sammlung bot genügend Gesprächsstoff für mindestens tausend und eine Nacht. Während sie von den modischen Designs schwärmte, von qualitativ hochwertig verarbeiteten Nähten, dem zarten Schimmer des samtweichen Leders und extravaganten Verzierungen und Bodenfüßchen aus Messing, hörte er aufmerksam zu. Mittlerweile kannte er sämtliche Details aller namhaften Marken und Modelle. Nur was sich in den Taschen befand, blieb ein wohlbehütetes Geheimnis. Wer weiß, eines Tages wird es ihm vielleicht gelingen, seine Briefmarkensammlung in die harmonische Beziehung einzubringen. Heute allerdings nicht. Die Gattin war vor Müdigkeit einfach eingeschlafen. Ihr Mann lag arbeitslos daneben und verspürte eine gewisse Leere im Kopf. Ich kam nicht dazu, ihn zur Ablenkung auf ein Bier in der Bar nebenan einzuladen. Als ich auftauchte, wurde er hektisch und schon musste ich wieder entschwinden. Ich hörte noch knapp, wie er leise mit der Partnervermittlung telefonierte. Alsdann landete ich im Zimmer von Baby Salome. Die Kleine lag für eine halbe Stunde ganz allein zu Hause im Bettchen. Es war mitten am Nachmittag in Reykjavík und die Eltern gönnten sich eine kurze Auszeit bei einem Spaziergang, nachdem sich ihr Schützling ins Land der Träume verabschiedet hatte. Nun war Salome wieder wach und genoss die Einsamkeit. Mama und Papa waren weit weg. Keiner war da, der sie wie ein unbeholfenes Kleinkind behandelte und dauernd versuchte, ihr ungenießbaren Brei einzuflößen. So kam sie denn auch nicht auf die Idee, herzzerreißend zu weinen und mit diesem Trick die ihr gebührende Aufmerksamkeit auf sich zu lenken. Wenigstens schrie sie solange nicht, bis sie mich entdeckte. Ich hatte keine Gelegenheit, sie zum Trösten auf den Arm zu nehmen. Ihr Gekreische löste mich vorher in Luft auf. Plopp! Da stand ich dem Bärenhunger gegenüber, der soeben fertig wurde mit dem Anrichten des Essens. Und da meine Lieblinge noch nicht zurück waren vom Strand, **gab** es für ihn nichts mehr zu tun. Somit wurde er zu einem Fall für mich. Das traf sich gut, denn wir hatten uns ohnehin für heute verabredet. Er bat mich, Platz zu nehmen, und offerierte mir einen Aperitif. Bald darauf kehrten auch schon die anderen ein. Der Bärenhunger servierte uns Spieß-chen mit Rohschinken, dazu Oliven und **honigsü-ße** Melonenstückchen, außerdem Lachsbrötchen und eine reichhaltige Gemüseplatte. Bei einem guten Glas Wein berichteten **wir** uns gegenseitig von dem ereignisreichen Tag.

Oh nein! Ausgerechnet jetzt geht **die Tinte** meines Schreibers zu Ende und ich habe keine Ersatzpatrone. Womit soll ich denn nun **all** die spannenden Abenteuer meiner Freunde auf dem Papier verewigen? Himmel und Zwirn! Ab sofort verwende ich nur noch den **Bleistift**. Wenn ich denn einen hätte! Am besten kaufe ich mir morgen gleich zwei. Dann bin ich gerüstet, falls bei dem einen mitten im Satz der Spitz abbricht. Wenn ich mich kurz fasse, reicht die **verbleibende** Tinte vielleicht **aus**, um Ihnen wenigstens von den sagenhaften Erlebnissen des ungestörten Augenblicks zu erzählen. Gestern noch hatte ich befürchtet, es könnte für ihn ein langweiliger Tag werden. Illustre Runden kommen nicht oft zustande. Die Voraussetzungen dazu sind sehr **sel**ten gegebenen. Doch dem ungestörten Augenblick stand das Glück zur Seite. Der Botschaftsminister von den vereinigten Drittstaaten hatte genau zu jener Zeit ein geheimes Gipfeltreffen mit den Abgesandten Mikropolesiens vereinbart. Gemeinsam wollten sie große Pläne über die Zukunft der Men**sch**heit schmieden und dazu die Aufteilung sämtlicher Ländereien der Erde untereinander aushandeln. Das Treffen wurde unabdingbar, weil man sich **telefonisch** nicht einigen konnte. Die vereinigten Drittstaaten wollten Mikropolesien die Insel Gauru überlassen und den Rest der Welt für **sich** beanspruchen. Damit waren die Mikropolesier natürlich nicht einverstanden und drohten den vereinigten Drittstaaten mit einschneidenden Wirtschaftssanktionen. Die Versammlung **fand** unter Ausschluss der Öffentlichkeit statt, gut versteckt, irgendwo in einem abgelegenen Winkel in der Savanne Afrikas. Dort mischte sich eine Herde Paviane unter die Delegationen, was nicht weiter auffiel, denn **die** Paviane beherrschten den politisch korrekten Umgang mit Verhandlungspartnern. In der Affenschule **hab**en sie früh gelernt, wie man sich passend aufplustert und durch lautes Lamentieren Stärke demonstriert. Nach ein paar Annäherungsversuchen und gegenseitigem Beschnuppern kam in der Runde Stimmung auf. Jeder versuchte, sich in Szene zu setzen, schindete enthusiastisch gestikulierend Eindruck bei den anderen und strapazierte seine Stimmbänder, bis sie fast entzweirissen. Fließend ging man dazu über, seinen Kontrahenten Kokosnüsse an den Kopf zu werfen und sie in die Waden zu beißen. Das Gipfeltreffen dauerte solange an, bis der Löwe kam und die drei Botschaftsminister auffraß. Daraufhin hatten die Paviane keine Lust mehr zum Diskutieren und gingen nach Hause. Auch die Delegationen Mikropolesiens und der vereinigten Drittstaaten brachen die Verhandlungen ab und zogen sich zurück. Ohne Botschaftsminister machte das **alles** keinen Sinn und nun mussten sie sich erst wieder ei**nen** neuen besorgen. Der ungestörte Augenblick blieb noch eine halbe Stunde lang am Ort des Geschehens zurück, weil er sich vor Lachen auf dem Boden wälzte und nicht mehr aufstehen konnte.

✭

Als uns der ungestörte Augenblick die verrückte Geschichte erzählte, fielen wir fast von den Stühlen. Aber dann kamen meine Lieblinge vom Strand zurück und es wurde erneut Zeit, sich zu verabschieden. Meine Lieblinge bombardierten mich mit Fragen: „Wer war denn nun schon wieder hier? Wo warst du den ganzen Tag? Warum ist deine Stellvertretung nicht mehr da?" Danach gingen sie essen. Ach herrje! Die Tinte ist aufgebraucht. Es ist zum Ausrast

Kinospektakel der Extraklasse

Den ganzen Tag über habe ich mich auf den heutigen Abend gefreut. Ich habe mir nämlich vorgenommen, ins Kino zu gehen. Jetzt ist der Abend endlich da und ich stehe bereits im Foyer. Fragen Sie mich bitte nicht nach dem Titel des Films. Den habe ich vergessen. Ich gehe nur ins Kino, weil es da Popcorn gibt. In wenigen Minuten beginnt die Vorführung. Vermutlich werde ich zu spät kommen, denn ich warte zurzeit in der Schlange vor dem Popcornstand auf den Grund meiner Anwesenheit: die riesige Portion Kinofutter. Zwei Meter weiter vorne sehe ich Priscilla in der Reihe stehen. Priscilla ist eine liebe Freundin von mir. Zum Glück habe ich ihre Telefonnummer abgespeichert. Ich ziehe mein Handy aus der Hosentasche und rufe sie an. „Hallo Priscilla, hier ist Aurelio. Wie geht es dir?" „Oh, das ist eine schöne Überraschung!", antwortet sie erfreut über meinen Anruf. „Danke, mir geht es sehr gut. Ich bin gerade im Kino. Und was machst du?" Ich kann es kaum fassen. „Welch ein Zufall! Ich bin auch im Kino." „Nein sowas!", meint sie außer sich und ein wenig enttäuscht fügt sie hinzu: „Da hätten wir zusammen hingehen können." „Ja, schade! Vielleicht nächstes Mal. Welcher Film läuft eigentlich heute?" Sie winkt ab. „Tut mir Leid,

Aurelio, ich weiß es nicht. Ich bin nur wegen des Popcorns hier." Ja, Priscilla und ich sind in mancher Hinsicht seelenverwandt. „Vielleicht kannst du mich in der Pause anrufen und mir erzählen, wie der Film begonnen hat?", bittet sie mich und erklärt dazu: „Weißt du, ich stehe noch vor dem Popcornstand und warte, bis ich an der Reihe bin." „Das würde ich gerne", erwidere ich. „Aber ich stehe zwei Meter hinter dir und bin noch später dran als du." Sie dreht sich um und entdeckt mich sogleich. „Ach, da bist du ja! Warte, ich stelle die Videoübertragung ein. Dann siehst du mich besser." Jetzt habe ich sie auf dem Bildschirm. Sie lächelt mich an und winkt mir aus dem Handy zu. Ich lächle zurück und sende ihr ein Augenzwinkern. Wir sprechen über dieses und jenes, dann ist sie an der Theke angelangt und verabschiedet sich vorerst von mir. „Ich muss jetzt auflegen. Unterhalten wir uns in der Pause weiter?" „Gerne! Also bis dann!"

Während ich weiterhin warten muss, nehme ich als unfreiwilliger Zuhörer an den vertraulichen Telefonaten ringsherum teil und beobachte zur Ablenkung von den interessanten Gesprächen den Sekundenzeiger meiner Uhr. Dann endlich darf ich die heiß begehrte Tüte in Empfang nehmen. Ich kaufe mir vorsorglich eine zweite als Reserve. Man weiß ja nie, wie viel man davon benötigen wird. Gut gerüstet tappe ich im Dunkeln zu meinem Sitzplatz. Es knirscht bereits ordentlich nach heruntergefallenen Popkörnern unter den Schuhsohlen und auch auf meinem Sessel, in den ich mich entspannt hinein fallen lasse. In der Reihe vor mir erheischt der Dreikäsehoch mit der aerodynamischen Frisur meine Aufmerksamkeit. Ich spicke ihm ein nicht explodiertes Maiskorn ins Vogelnest. Der Krümel dreht sich abrupt um und späht mit Argusaugen nach dem Übeltäter. Die Streitlust steht ihm ins Gesicht geschrieben. Ich starre mit konzentriertem Blick auf die Leinwand, bis er sich wieder umgedreht hat. Dann nehme ich ihn erneut unter Beschuss. Erst als er die weiße Fahne hisst, sehe ich mich nach einem neuen Opfer um. Mein Handy klingelt. Verflixt! Ich habe vergessen es abzustellen. Von allen Seiten werde ich mit Puffmais beschossen. Damit das Handy aufhört zu klingeln, nehme ich den Anruf entgegen. „Wo sitzt du?", fragt mich Priscilla am anderen Ende. „Auf Popcorn", antworte ich. „Platz Nummer dreihundertzwölf." „Ist das dein Ernst? Ich sitze auf Nummer dreihundertelf." Zum Beweis richtet sie die Kamera auf das Nummernschild ihres Sessels. Ich glaube, ich träume. Befindet sich Priscilla wirklich direkt neben mir? Ich taste nach rechts und spüre langes, blondes Haar zwischen den Fingern. Ich beuge mich hinüber und überprüfe die Identität der Person auf Platz Nummer dreihundertelf mit einem innigen Kuss. Tatsächlich! Da sitzt Priscilla. „Du Schlingel!", haucht sie in den Hörer. „Ich lege jetzt auf." Ich schließe die Augen und bedaure, dass Priscilla und ich nicht zusammen ins Kino gegangen sind. Mein Handy klingelt. Die Ploppkörner fliegen mir um die Ohren. „Ja?", frage ich. Es ist Priscilla. „Aurelio, der Typ da hinten hat mir ein Popcorn an den Kopf geschmissen." Ich drehe mich nach hinten und erblicke einen weißhaarigen, hämisch vor sich hin grinsenden Methusalem. Ich beuge mich über die Lehne und leere meine Reservetüte über seinem Oberhaupt aus. Methusalem freut sich kindlich darüber und kugelt sich vor Lachen. Natürlich zahlt er mir die Attacke heim und spickt mir seinerseits reihenweise Poppies in den Kragen, worauf ich eifrig zurückfeuere. Wir haben einen Riesenspaß. Die umliegenden Sitznachbarn können sich nicht mehr zurückhalten. Rundum schießen sie in alle Richtungen und es entflammt ein spektakuläres Popcorn-Feuerwerk im Saal, das sich über eine gute halbe Stunde hinstreckt und einen Höhepunkt nach dem anderen in den Kinohimmel zaubert. Wir ernten tosenden Beifall. Methusalem fragt nach meiner Telefonnummer und ich gebe sie ihm. Sogleich klingelt mein Handy. „Ruf mich an, wenn du das nächste Mal ins Kino gehst!", kräht der rüstige Uropa in den Hörer.

✩

Oje! Mein Popcorn ist aufgebraucht. Beide Tüten sind leer. Von Entzugserscheinungen gezeichnet warte ich genervt auf die Pause. Endlich ist es soweit. Fluchtartig stürme ich aus dem Saal, um mich unverzüglich mit neuem Proviant einzudecken. Mein Handy klingelt. „Es ist schon zehn Uhr. Wann kommst du nach Hause?", fragt mich die vertraute Stimme am anderen Ende ungeduldig. „Mama, ich bin vierzig!", antworte ich und lege auf. Priscilla wartet bestimmt auf meinen Anruf. Ich wähle ihre Nummer. „Wie hat es dir bis jetzt gefallen?", frage ich sie. „Oh, sehr gut. Das Feuerwerk war sensationell." Leise flüstert sie mir durch den Hörer ins Ohr: „Du Aurelio, könntest du nachher nochmals ganz, ganz genau prüfen, ob ich mich auch tatsächlich neben dir befinde?" Schnell fügt sie hinzu: „Aber nicht dass du meinst… Nur damit ich mir sicher bin, dass ich wieder zum richtigen Platz zurückgefunden habe." „Ja, ich verstehe. Für dich mache ich das gerne. Wenn es dich beruhigt, kann ich durchaus alle fünf Minuten nachsehen, ob du immer noch da bist." „Oh ja, dann habe ich nicht so große Angst, wenn es im Saal dunkel ist". Sie ist erleichtert und erwähnt ganz beiläufig: „Am allerliebsten wäre mir, du würdest gleich während des ganzen Films auf mich aufpassen." Ihre großen, funkelnden Augen füllen das ganze Display aus. „Das geht leider nicht. Mein Popcorn verlangt auch nach ein wenig Zuwendung. Verstehst du?" Priscilla versteht mich und wir einigen uns auf alle drei Minuten. Dann muss ich auflegen, denn die Pause ist gleich vorüber und ich benötige beide Hände zum Tragen meiner fünf Tüten.

✫

Als es wieder dunkel wird im Saal, vergewissere ich mich als erstes, dass Priscilla wieder da ist. Danach meldet sich der Hunger und ich mache mich über das Popcorn her. Es schmeckt wunderbar. Am herrlichsten munden die Poppies, wenn sie beim Kauen so laut wie möglich knacken. Doch leider höre ich überhaupt nichts. Es herrscht ein Höllenlärm im Saal. Die Filmmusik ist viel zu laut. Ich rufe unverzüglich die Auskunft an. „Könnten Sie mir bitte die Telefonnummer des Kinos geben?", bitte ich die Auskunft. „Welches Kino?", fragt diese postwendend zurück. „Es gibt in der Stadt mindestens ein Dutzend." „Weiß der Kuckuck!", erwidere ich verärgert. „Orten Sie gefälligst mein Handy! Dann wissen Sie, wo ich mich befinde." Nachdem ich endlich geortet bin, erhalte ich die Nummer. „Blödmann!", verabschiedet sich die Auskunft von mir. Ich rufe das Kino an: „Ich möchte gerne mit dem Vorführer sprechen." „Das geht nicht, er ist beschäftigt. Es läuft momentan ein

Film." „Genau das ist der springende Punkt. Stellen Sie mich durch, sonst deponiere ich meine Beschwerde bei Ihnen." Umgehend werde ich weiter verbunden. „Ja?", meldet sich der Vorführer. „Hallo, hier ist der Zuschauer. Der Ton ist viel zu laut, man hört das Zermalmen seines eigenen Popcorns nicht. Können Sie bitte leiser drehen?" „Kauen sie lauter!", schnauzt mich der Vorführer an. „Das geht nicht", widerspreche ich vehement. „Ich tue bereits mein Möglichstes." „Dann haben sie Pech gehabt", meint der andere kaltschnäuzig. Mir platzt der Kragen. „Drehen Sie leiser oder ich komme hoch und esse Ihr Popcorn auf." Klick! Das Gegenüber hat aufgelegt. Und höre da, es geht doch. Der Filmkrach ist auf angenehme Flüstertonstärke zurückgedrosselt. Im Saal erwacht eine fantastisch anmutende Knabbersymphonie. Aus vollen Mündern malmt und knackst und ploppt und knirscht es im Zweidreivierfünfteltakt. Begleitet von rhythmischem Rascheln zahlloser Tüten fließen die harmonisch anmutenden Klänge immer wieder von dezentem Pianissimo über ein stetiges Crescendo hinauf bis zur Hundert-Dezibel-Marke. Diese wird vom lauten Knallen zerberstender aufgeblasener Papiertüten sogar noch übertroffen, welche Paukenschlägen gleich die Dramaturgie eines jeden musikalischen Höhepunktes mit Blitz und Donner einzigartig untermalen. Manchmal sind die Tüten versehentlich nicht ganz leer. Dann schneit es im Kino dicke, weiße Maisflocken, was wunderbar zur Musik passt.

Priscilla schaut nach, ob ich noch da bin. Sie drückt mich fest an sich und lässt mich nicht mehr los. Ich erliege ihrem Charme und schmelze in ihren Armen dahin. Gemeinsam genießen wir noch eine Weile die großartige Unterhaltung. Doch dann vergessen wir nach und nach, was um uns herum geschieht und es gibt nur noch uns beide. Ja, das Schicksal meint es heute einfach nur gut mit mir. Dafür danke ich ihm von Herzen. Die Liebe findet eben immer ihren Weg zum Ziel. Nicht einmal Popcorn kann sie stoppen.

Damit endet die heutige Vorführung mit einem märchenhaften Happy End. Priscilla und ich sind von nun an ein glückliches Paar. Und wenn wir nicht gestorben sind, sitzen wir noch immer zusammen im Kinosaal und telefonieren miteinander.